Reski | Mafia. 100 Seiten

W0305300

*** Reclam 100 Seiten ***

PETRA RESKI, Schriftstellerin und Journalistin, ist eine der wichtigsten deutschen Stimmen im Diskurs über die Mafia. Seit 1989 veröffentlichte sie zahllose Bücher, Reportagen und zuletzt auch drei Romane zum Thema.

Petra Reski

Mafia. 100 Seiten

RECLAM

2018, 2021 Philipp Reclam jun. Verlag GmbH,
Siemensstraße 32, 71254 Ditzingen
Durchgesehene Ausgabe 2021
Umschlaggestaltung nach einem Konzept der zero-media.net
Infografik (S. 36 f.): Infographics Group GmbH
Bildnachweis: S. 27 akg-images / Mondadori Portfolio;
S. 72 Gari Wyn Williams / Alamy Stock Foto;
Autorinnenfoto: Paul Schirnhofer
Umschlagmaterial: Creative Print, Schabert
Druck und Bindung: EsserDruck Solutions GmbH,
Untere Sonnenstraße 5, 84030 Ergolding
Printed in Germany 2023
RECLAM ist eine eingetragene Marke
der Philipp Reclam jun. GmbH & Co. KG, Stuttgart
ISBN 978-3-15-020525-9

Auch als E-Book erhältlich

www.reclam.de

Für mehr Informationen zur 100-Seiten-Reihe:
www.reclam.de/100Seiten

Inhalt

Anstelle eines Vorworts

Lieber Leser,

ach die Mafia, haben Sie vielleicht gesagt, müssen wir uns darum auch noch Sorgen machen? Haben wir nicht schon genug am Hals? Klimawandel und Globalisierung, Wirecard-Skandal und Panama-Papers, Pandemie und Pleiten?

Außerdem: diese Sache mit den Regeln und Geheimbünden, mit den Blutstropfen hier und da – und den Namen, die kein Mensch auseinanderhalten kann: Totò Riina, Marcello Dell'Utri, Matteo Messina Denaro. Cosa Nostra, Camorra, 'Ndrangheta.

Und: Armut. Und Rückständigkeit auch. Süditalien eben. Klar, dass sich die Mafia da halten kann. Hat nicht jeder, der mal Urlaub in Süditalien gemacht hat, diese Geschichten von Leuten gehört, die sich nicht an die Polizei wenden, wenn ihnen das Auto geklaut wird, sondern an den örtlichen Boss?

Außerdem: Berlusconi und so, da war doch auch was mit Mafia? Na ja. Italien eben.

Wobei, war da nicht doch mal was gewesen, mit der Mafia in Deutschland? Diese Sache in Duisburg … Auch schon lange her. Spricht niemand mehr darüber. Letztlich waren es doch

Italiener, die andere Italiener umgebracht haben? Oder nicht? Das war doch damals sogar vom Düsseldorfer Innenministerium verkündet worden: »Die unmittelbare Drohung und die Ausübung von Gewalt richten sich nach polizeilichen Bewertungen vorwiegend gegen italienische Landsleute.« So die Antwort auf die parlamentarische Anfrage der damaligen SPD-Opposition.

Auf jeden Fall war in den Zeitungen schon länger nichts mehr über die Mafia in Deutschland zu lesen. Weshalb Sie dachten: Dann kann da nicht so viel dahinter sein. Denn wenn es sie gäbe, diese Mafia in Deutschland, dann würde doch sicher auch über sie berichtet. Journalisten finden doch immer etwas heraus, wenn was faul ist. Die Mafia ließe sich doch nicht einfach verschweigen, oder?

Okay, Sie haben sich neulich auch darüber gewundert, wie es der Besitzer der Eisdiele in Ihrem kleinen Ort schaffen konnte, dieses supermoderne Tagungszentrum mit Golfplatz zu bauen, allein mit dem Verkauf von Eisbällchen doch wohl nicht. Und als Sie ihn gefragt haben, nachdem Sie sich wie üblich ein Spaghetti-Eis bestellt haben, lächelte er so, als hätte er ein etwas begriffsstutziges Kind vor sich und sagte, dass er glücklicherweise einen Investor gefunden habe und es überhaupt langsam an der Zeit sei, etwas Schwung in Ihre kleine Stadt zu bringen.

Tatsächlich können Sie sich nicht daran erinnern, dass ein deutscher Politiker das Wort »Mafia« jemals in den Mund genommen hätte. Was ja im Grunde nur zwei Dinge bedeuten kann: Entweder ist diese Mafia kein Problem für Deutschland.

Oder …

2

Wie ich zur Mafia kam

Wer so wie ich in einer ostpreußisch-schlesischen Großfamilie aufgewachsen ist, geprägt vom Katholizismus polnischer Prägung und von rauschenden Familienfesten, weiß um die Macht von Blutsbanden: Die Familie über alles. Großherzig nach innen und streng nach außen, hielt meine ostpreußische Großmutter den Clan bis zum letzten Atemzug zusammen. Und meine schlesische Mutter unterteilt die Menschheit bis heute in »wir« und »die Fremden«. Blut ist eben dicker als Wasser. Ich weiß noch, wie ich mich wunderte, als wir im Englisch-Leistungskurs die Bedeutung dieses für mich so offensichtlichen Satzes erklären sollten. Und dass ich die einzige war, die sich meldete.

Für den Erhalt der Familie hätte meine Großmutter alles getan. Wobei zur Familie im Ernstfall nur die Blutsverwandten gehörten. Wie eine Sizilianerin auch, unterschied meine Großmutter zwischen *carne di carne*, Fleisch aus Fleisch, und *carne di contratto*, Fleisch aus Vertrag. Und meine Mutter war nur Fleisch aus Vertrag.

Mein Vater war der älteste Sohn – und starb mit 27 Jahren als Bergmann unter Tage. Als meine Mutter sechs Jahre nach seinem Tod zum ersten Mal wieder tanzen ging, wurde sie von meiner Großmutter aus der Familie verstoßen. Fortan ging ich allein zu den Familienfeiern und saß auf dem Ehrenplatz neben meinen Großeltern. Und wenn meine Mutter mich später fragte, wie die Feier verlaufen war, wie meine Tanten angezogen gewesen und welche Geschenke gemacht worden waren, dann schwieg ich.

Ein gewisser amoralischer Familiensinn war mir also durchaus vertraut, als ich mit zwanzig zum ersten Mal nach Sizilien aufbrach. Ich fuhr mit meinem damaligen Freund in einem alten Renault 4 von Kamen nach Corleone, nur weil ich den *Paten* gelesen hatte: Die Geschichte einer Familie, die Segen und Fluch zugleich war, hatte mich fasziniert. Eine Familie, die man gleichermaßen liebt und hasst und der man dennoch nicht entkommen kann: All das erinnerte mich an den Loyalitätskonflikt, in den ich als Kind gestürzt war, als sich die Familie meines Vaters meiner Mutter gegenüber ungerecht verhalten hatte. Ich liebte die Familie meines Vaters und liebte meine Mutter – und war erleichtert, als der Bann gegen meine Mutter endlich wieder aufgehoben wurde.

Als ich zum ersten Mal nach Corleone fuhr, war die Mafia für mich nichts anderes als eine große, pervertierte Familiengeschichte. Damals ahnte ich noch nichts vom »amoralischen Familismus« – ein Begriff, den der amerikanische Anthropologe Edward C. Banfield bei der Erforschung süditalienischer Familienstrukturen geprägt hat: Vertrauen besteht nur gegenüber Familienmitgliedern, das Wohl der Familie stellt den höchsten Wert dar. Moral gilt nur innerhalb der Familie, nicht außerhalb – alles, was der Familie nützt, ist gut. Später diente der Begriff lange als Basis für die soziologische Erforschung der Mafia – und wird heute von vielen sizilianischen Mafiaforschern als inadäquat kritisiert, weil Banfield von dem Ergebnis seiner wenig repräsentativen Forschung in einem Dorf in der Basilikata auf ganz Süditalien und auf die gesamte Mafia geschlossen habe.

Ich wusste nichts davon – und doch war es genau das, was mich damals nach Sizilien trieb. Nach vier Tagen Fahrt (Venedig, Florenz und Rom ließen wir links liegen) kamen wir in Corleone an: Ich war enttäuscht, nur alte Männer mit Schlägermützen am Straßenrand sitzen zu sehen. Und dennoch war schon da mein späterer Lebensweg vorgezeichnet, also nach Italien zu ziehen und mich mit der Mafia zu beschäftigen: Die Familie ist an allem schuld.

Ein ganz spezieller Familiensinn

In der Struktur der Mafia ist die *famiglia* die kleinste Zelle. Bei der kalabrischen Mafia, der ’Ndrangheta, gehören nur Blutsverwandte zum Clan – und das ist auch der Grund dafür, dass es bei der ’Ndrangheta die wenigsten Abtrünnigen gibt: Blutsverwandte verraten einander nicht so leicht. Cosa Nostra hingegen, die sizilianische Mafia, baut nicht allein auf Blutsverwandtschaft auf, sondern vor allem auf einer Art Wahlverwandtschaft: Aufgenommen wird nur derjenige, der die nötige kriminelle Energie mitbringt – der also als fähig betrachtet wird, einen Mord mit der nötigen Kaltblütigkeit auszuführen oder einen sauberen Bankraub hinzulegen.

Hinter dem viel beschworenen Familiensinn der Mafia verbirgt sich also vor allem Pragmatismus und ein feines Gespür für die Schwächen der anderen – die sie stets für sich nutzt. Im katholischen Italien war und ist die Familie diese Schwäche: Jeder Italiener hat Verständnis dafür, dass die Familie geschützt werden muss.

Die Familie ist in Italien ein hoher Wert – den zu pervertieren die Mafia nicht zögert: Denn mit dem »amoralischen Familismus« geht auch die primitive Rechtsvorstellung des »Auge um Auge, Zahn um Zahn« einher – und damit die Blutrache.

Daher wundert es auch nicht, dass die Mafia stets sofort vorwurfsvoll von Sippenhaft spricht, sobald ein Mitglied des Clans angeklagt wird. Zu beobachten war das auch zur Zeit des Duisburger Mafiamassakers, als die Mafia in Deutschland vorübergehend in Bedrängnis geraten war, weil die bis dahin vertrauensseligen Deutschen plötzlich aufgeschreckt waren und vermuteten, dass sich die Mafia hierzulande nicht lediglich auf sechs tote Kalabresen beschränke: Daraufhin gingen einige (dubiose) italienische Unternehmer in Deutschland zum Angriff über: »Wollen Sie jetzt etwa alle Italiener in Sippenhaft nehmen?«, hieß es.

Mafiosi sind Meister darin, sich als Opfer zu stilisieren, der Vorwurf der »Sippenhaft« wird von ihnen in Italien stets erfolgreich strapaziert – etwa als Ninetta Bagarella, die Ehefrau des Bosses Totò Riina über ihre Kinder einst an die Tageszeitung *La Repubblica* schrieb: »Sie werden beschuldigt, als Kinder von Vater Riina und Mutter Bagarella geboren worden zu sein, eine Erbsünde, die durch nichts getilgt werden kann. Warum kann man meine Kinder nicht wie Jugendliche betrachten, die so normal sind wie andere auch?«

Allerdings unterscheidet sich der Familiensinn der Mafia von dem normaler süditalienischer Familien dadurch, dass ihr Amoralismus auch nicht vor den eigenen Familienmitgliedern haltmacht: Das höchste schützenswerte Gut ist nicht der Erhalt der Blutsfamilie, sondern der Mafiafamilie. Ihr wird alles geopfert, zur Not sogar die eigenen Kinder.

Die Mutter des Mafiosos Enrico Incognito sah zu, als ihr Sohn von seinem Bruder erschossen wurde, um zu verhindern, dass Enrico zur Justiz überlaufen würde. Und Rita Atria, ein junges sizilianisches Mädchen, das in einer Mafiafamilie aufgewachsen war, wurde von seiner Mutter verstoßen, nachdem es sich entschlossen hatte, mit der Justiz zusammenzuarbeiten.

Ritas Vater und ihr Bruder waren von der Mafia ermordet worden, auf diese Weise wollte sie die beiden rächen. Mit ihrer Schwägerin lebte sie im Zeugenschutzprogramm in Rom unter falschem Namen. Der Antimafia-Staatsanwalt Paolo Borsellino wurde ihnen zum väterlichen Freund. Kurz nachdem Paolo Borsellino im Sommer 1992 ermordet wurde, nahm sich Rita das Leben. Sie wurde achtzehn Jahre alt.

Ihren Grabstein in Partanna schmückte der Satz »Die Wahrheit lebt«. Ritas Mutter zertrümmerte diesen Grabstein mit einem Hammer, wenige Monate nach dem Selbstmord ihrer Tochter.

Ich habe mein erstes Buch über Rita Atria geschrieben, eine Staatsanwältin gab mir damals eine Kopie von Ritas Tagebuch. Darin stand der bemerkenswerte Satz: »Bevor du anfängst, gegen die Mafia zu kämpfen, musst du dein eigenes Gewissen prüfen – erst wenn du die Mafia in dir besiegt hast, kannst du gegen die in deinem Freundeskreis kämpfen. Denn die Mafia, das sind wir selbst und unsere falschen Verhaltensweisen.«

Um Rita verstehen zu können, bin ich in ihr Heimatdorf Partanna gefahren, südöstlich von Trapani bei Palermo. Ich bezog ein Zimmer in dem einzigen Gasthof des Ortes. Alle im Dorf wussten, dass ich wegen Rita gekommen war. Aber wenn ich jemanden nach ihr fragte, taten alle so, als hätte sie nie existiert. Ritas Mutter bedauerte keineswegs, ihre Tochter verstoßen zu haben, sie bereute auch nicht, den Grabstein zertrümmert zu haben. Der Verrat an der Familie musste getilgt werden.

Im Dorf hatten alle Verständnis für dieses Verhalten, einschließlich des Pfarrers. Ritas Mutter jammerte und klagte, ohne das Wort Mafia ein einziges Mal in den Mund zu nehmen. Nachts träumte ich von ihr: Die Metallglieder des Fliegenvorhangs klirrten, und sie kam durch das Fenster in mein Zimmer im Gasthof geflogen und versuchte mich zu erwürgen. Tagsüber hingegen erinnerte sie mich an meine Großmutter, die für den Erhalt ihrer Familie alles getan hätte.

Damit der Bestand der Mafiafamilie garantiert wird und möglicherweise auch Herrschaftswechsel legitimiert werden können, verhalten sich Mafiosi oft dynastisch und heiraten untereinander: Wer nicht in einer Mafiafamilie aufgewachsen ist, gilt als wenig vertrauenswürdig und wird misstrauisch beäugt: Wer nicht mit den Werten der Mafia aufgewachsen ist, könnte sich im entscheidenden Moment auf die falsche Seite stellen.

Aus diesem Grunde hegte Ritas Mutter ein großes Misstrauen gegenüber ihrer Schwiegertochter Piera Aiello. Die Ehefrau ihres Sohnes war zwar im gleichen Dorf aufgewachsen, stammte aber nicht aus einer Mafiafamilie. Und nicht nur das: Pieras Vertrauen in den italienischen Staat war so groß, dass sie ihrem Mann sogar angekündigt hatte, eine Ausbildung als Polizistin absolvieren zu wollen. Er lachte über den für ihn so absurden Plan. Und wurde kurz danach vom gegnerischen Clan ermordet.

Letztlich bewahrheiteten sich für Ritas Mutter ihre schlimmsten Befürchtungen: Nachdem erst ihr Mann und dann ihr Sohn von der Mafia ermordet worden waren, entschloss sich ihre verhasste Schwiegertochter Piera, mit der Justiz zusammenzuarbeiten. Und kurz danach folgte ihre Tochter Rita dem Beispiel ihrer Schwägerin.

Nach dem Selbstmord von Rita Atria lebte Piera Aiello stets unter fremdem Namen an einem unbekannten Ort. Sie blieb im Antimafia-Kampf zwar stets engagiert, zeigte der Öffent-

Namen und Protagonisten

Vito Ciancimino

Mafiaboss, Christdemokrat und einstiger Bürgermeister von Palermo, wegen Mafiabeihilfe zu 13 Jahren Haft verurteilt, starb 2002.

Giulio Andreotti

Italienischer Christdemokrat und siebenfacher italienischer Ministerpräsident. Wegen Mafiabegünstigung angeklagt und im Mai 2003 verurteilt. Seine Unterstützung der Mafia bis zum Jahr 1980 wurde als bewiesen und gleichzeitig als verjährt beurteilt.

Rita Atria

Tochter eines sizilianischen Mafiabosses, die sich nach der Ermordung ihres Vaters und ihres Bruders entschloss, mit der Justiz zusammenzuarbeiten, daraufhin von ihrer Mutter verstoßen wurde und sich nach der Ermordung des Staatsanwalts Paolo Borsellino 1992 aus dem Fenster stürzte.

Silvio Berlusconi

Dreifacher italienischer Ministerpräsident, reichster Unternehmer Italiens, Gründer der Partei Forza Italia, vorbestraft wegen Steuerbetrugs, angeklagt wegen Bilanzfälschung, Mitwirkung in einer mafiosen Vereinigung, Richterbestechung, Mittäterschaft bei Anschlägen – Anklagen, die mit Freispruch, Archivierung, Verjährung, Mangel an Beweisen oder Verurteilungen mit anschließender Amnestie endeten.

Paolo Borsellino

Antimafia-Staatsanwalt im Antimafia-Pool von Palermo, führte zusammen mit seinem Kollegen Giovanni Falcone den Maxiprozess gegen die Cosa Nostra, 1992 von der Mafia ermordet.

Tommaso Buscetta

Sizilianischer Mafiaboss und erster bedeutender abtrünniger Mafioso in der Geschichte der Cosa Nostra, bedeutender Zeuge der Maxiprozesse gegen die Mafia unter Giovanni Falcone, starb im Jahr 2000 in New York.

Carlo Alberto Dalla Chiesa

Polizeipräfekt von Palermo, von der Mafia 1982 zusammen mit seiner Frau in Palermo ermordet.

Marcello Dell'Utri

Forza-Italia-Senator, Europaparlamentarier und rechte Hand Berlusconis, wegen Mafiaunterstützung zu sieben Jahren Haft verurteilt, zurzeit in Haft.

Giovanni Falcone

sizilianischer Antimafia-Staatsanwalt, führte zusammen mit seinem Kollegen Paolo Borsellino die Maxi-Prozesse gegen die Cosa Nostra, von der Mafia 1992 ermordet.

Nicola Gratteri

Antimafia-Staatsanwalt, Leiter der Staatsanwaltschaft von Catanzaro, führte die Ermittlungen um das Massaker von Duisburg. Ermordung von 6 Personen vor ital. Restaurant

Matteo Messina Denaro

Mafiaboss der Provinz Trapani, seit 1993 untergetaucht, Sohn des Paten Francesco Messina Denaro und möglicher Nachfolger des Mafiabosses Provenzano.

Salvatore »Totò« Riina

Mafiaboss aus Corleone, vorübergehend Alleinherrscher der Cosa Nostra, verantwortlich für Mafiakriege und Attentatsserien

Grund: Fehde zw. 2 Fam. der kalab. 'Ndrangheta 2007 (Haupttäter 009 verhaftet, 2011 in Dt. verurteilt)

in den Achtziger- und Neunzigerjahren, 1993 festgenommen und zu lebenslänglicher Haft verurteilt, starb 2017.

Franco Roberti
Antimafia-Staatsanwalt aus Neapel, bis 2017 Leiter der nationalen Antimafia-Ermittlungsbehörde in Rom.

Roberto Scarpinato
Generalstaatsanwalt von Palermo, Chefankläger im Andreotti-Prozess und zahlreicher anderer großer Mafia-Prozesse.

lichkeit jedoch nie mehr ihr Gesicht. Erst im Jahr 2018 entschloss sie sich, aus dem Schatten ihrer Vergangenheit heraus zu treten: Piera Aiello zog als Abgeordnete der Fünfsterne-Bewegung in das italienische Parlament ein.

Die Perfidie der Mafia-Erziehung besteht darin, dass sie auf den ersten Blick lediglich Werte zu transportieren scheint, die auch von normalen süditalienischen Familien geteilt werden: Respekt vor den Älteren, Gehorsam, Zugehörigkeitsgefühl und Verschwiegenheit. (»Schmutzige Wäsche wird zu Hause gewaschen.«) Mafiakinder lernen von klein auf, die Welt in »wir« und »die anderen« zu unterteilen. Ihr Vater ist nichts anderes als ein Soldat im Krieg mit »den anderen«. Deshalb ist es auch normal, wenn er seinem Sohn zum zehnten Geburtstag eine Pistole schenkt. Wenn er ihn mit vierzehn auffordert, ein Pferd zu erschießen, ist dies der erste Schritt auf dem Weg, ein gehorsamer und kaltblütiger Diener der Mafia zu werden – und sich unter den »normalen« Mitschülern als »Auserwählter« zu fühlen.

Es war die Staatsanwaltschaft Reggio Calabria, die als erste versucht hat, diesen Kreislauf zu durchbrechen, als sie einem untergetauchten Mafioso das Vormundschaftsrecht über seine Kinder entzog. Diese Entscheidung ist deshalb als revolutionär zu bezeichnen, weil in Italien bislang das ungeschriebene Gesetz galt, dass die Familie heilig und unantastbar ist: Auch wenn der Vater ein international gesuchter Mafioso ist, werden seine Qualitäten als Vater nicht angezweifelt. Nicht einmal von den Ermittlungsbehörden. Die Staatsanwälte von Reggio Calabria haben dieses ungeschriebene Gesetz mit dem Hinweis gebrochen, dass die Erziehungsziele eines Mafiosos ganz gewiss keine seien, die sich günstig auf die Entwicklung der Kinder auswirkten. Die Kinder von Mafiosi lebten in einem »permanenten Zustand der Sklaverei«. Es handele sich bei dieser Entscheidung allerdings erst um einen Teilsieg: »Wir haben noch weitere Probleme zu lösen«, schrieben die Staatsanwälte, »etwa das der Ehefrauen der Mafiosi, die ja zu allererst die Mafiakultur auf ihre Kinder übertragen. Aber wir geben nicht auf.«

In modernen neueren Zeiten sind die Söhne und Töchter die Öffentlichkeitsarbeiter der Mafia: Etwa die drei Töchter des Mafiabosses Vittorio Mangano, von denen immer wieder berichtet wurde, wie sie mit ihren Eltern eine Zeit lang zusammen das Leben mit Silvio Berlusconi in seiner Villa San Martino teilten und zusammen mit den Kindern des »Cavaliere« aufwuchsen. In Italien betitelte man Vittorio Mangano süffisant als »Stalliere di Arcore«, denn offiziell diente er als Stallmeister. Auch wenn es in Berlusconis Villa gar keine Pferde gab.

Als ihr Vater noch lebte und sich bereits in Hochsicherheitshaft befand, war es die mittlere Tochter, die für die Außendarstellung der Familie zuständig war. Sie war die Botschafterin des Planeten Mafia und hatte innerhalb der Familie die Rolle ihres Vaters übernommen. Sie dirigierte ihre beiden Schwestern und führte die Geschäfte der Familie, bis ihr Vater starb.

Cinzia war in der Mafia aufgewachsen, sie teilte die Welt in drinnen und draußen ein, so wie ein Mafioso, der, wenn er einen Mord gegen die Welt draußen begeht, keine Schuldgefühle hat. Sie war eine Soldatin im Krieg.

Auch nach dem Tod ihres Vaters pflegte Cinzia die mafiosen Geschäftsbeziehungen weiter – bis sie 2013 in Mailand verhaftet wurde, als Kopf einer kriminellen Vereinigung, die für Cosa Nostra die Geschäfte führte, Geldwäsche betrieb und dabei auch eng mit der kalabrischen ’Ndrangheta zusammenarbeitete: ein mafiöses »Unternehmertum«, das sein Geschäft ohne jede physische Gewalt ausüben konnte. Es reichte, wenn die von ihnen erpressten und bedrohten Geschäftsleute Cinzias Familiennamen hörten, schon bemühten sie sich eilends darum, ihre Angelegenheit »in Ordnung zu bringen«.

Und Giuseppe Salvatore Riina, der jüngste Sohn des zu 19 Mal lebenslänglich verurteilten Mafiabosses Totò Riina, veröffentlichte im Jahr 2016 – da hatte er selbst gerade acht Jahre Gefängnis wegen Mafiazugehörigkeit hinter sich – seine Erinnerungen: *Riina – ein Familienleben.* Die RAI, der öffentlich-rechtliche Rundfunk Italiens, gab dem Mafiasohn umgehend Gelegenheit, seine glückliche Kindheit in der beliebten Talkshow *Porta a Porta* zu beschwören, Talkmaster Bruno Vespa hofierte ihn beinahe wie einen Kronprinzen. 15 Jahre lang hat die Familie Riina im Untergrund gelebt: die meiste Zeit davon mitten in Palermo, wo sein Vater 1993 festgenommen wurde, ein Jahr nach den Attentaten auf die Staatsanwälte Giovanni Falcone und Paolo Borsellino.

Riinas Sohn zeigte keine Reue, kein Bedauern und kein Schuldbewusstsein. Er gestand nur, »den Vater zu ehren und zu lieben« – der bedauerlicherweise zu einem Opfer des italienischen Staats geworden sei.

Auch Angelo, der ältere Sohn des langjährigen Mafiabosses Bernardo Provenzano, gab freimütig Auskunft über sein Familienleben: Bis er als Sechzehnjähriger 1992 mit seiner Mutter und seinem Bruder in Corleone auftauchte, hatte er mit seiner Familie im »Untergrund« leben müssen, wobei »Untergrund« ein gut geschütztes Leben in komfortablen Wohnungen in Palermo, Trapani, Rom oder Umbrien bedeutete, manchmal auch in Deutschland, im niederrheinischen Willich, wo Provenzanos Bruder lebte. 43 Jahre lang konnte ihr Vater ungestört untergetaucht leben: Bernardo Provenzano, der langjährige Boss der sizilianischen Cosa Nostra, hatte sich nach den Attentaten an Falcone und Borsellino 1992 als hilfsbereit erwiesen, als es darum ging, seinen Rivalen Totò Riina festzunehmen: Riina war das Bauernopfer der Verhandlungen zwischen Staat und Mafia.

Seine Festnahme sollte die nach den Attentaten aufgebrachten Italiener besänftigen, zumindest vorübergehend: Seht her, der italienische Staat ist noch nicht geschlagen! Provenzano sorgte dafür, die ertragreiche Zusammenarbeit zwischen dem italienischen Staat und der Mafia wieder aufzunehmen und zu neuer Blüte zu führen – wohl auch deshalb zeigte sich der italienische Staat ihm gegenüber sehr nachsichtig.

Mafia? Das sei doch eher eine geistige Haltung, erklärte Angelo Provenzano später geschickt. Eine mafiöse Haltung sei etwas, was man nicht unbedingt ausschließlich nur in Sizilien finden könne.

Und weil viele Touristen Sizilien besuchen, um genau diesen kleinen mafiösen Schauder zu spüren, bot der amerikanische Reiseveranstalter Overseas Adventure Travel aus Boston seiner Reisegruppe eine Zeit lang auch eine »erhellende Diskussion über die sizilianische Mafia« mit besagtem Angelo Provenzano an – der im Gespräch mit den amerikanischen Touristen die Last seines Namens beklagt haben soll, womit er im Sinne der *political correctness* sogar auf Verständnis stieß. Später ließ er verlauten, sein Treffen mit den Urlaubern sei lediglich ein Beitrag für den örtlichen Tourismus gewesen – einen Wirtschaftssektor, an den er immer geglaubt habe.

Schade, dass niemand die Touristen auf den Antimafia-Kämpfer Peppino Impastato aufmerksam machte. Auch er war Sohn eines Mafiosos – und wandte sich gegen die Mafia. Oder auf Massimo Ciancimino: der jüngste Sohn von »Don Vito«, Palermos mafiösem Bürgermeister, entschloss sich nach dem Tod seines Vaters 2009, mit der Justiz zusammenzuarbeiten, woraufhin er in Palermo nicht zur Touristenattraktion, sondern zur Persona non grata wurde.

Massimo Ciancimino erzählte, was sein Vater bei den Treffen mit dem untergetauchten Mafiaboss Bernardo Provenzano besprach und beschrieb, welche Richter, Politiker, Polizisten und Geheimagenten im Salon von Don Vito ein- und ausgingen. Seine Aussagen waren es, die erhellten, wie hohe Beamte und Politiker mit der Mafia verhandelten – diese Aussagen lösten später den Prozess um die »Trattativa« aus, der sich zum Ziel gesetzt hat, die Hintergründe der Verhandlungen zwischen dem italienischen Staat und der Mafia zur Zeit der Ermordung von Paolo Borsellino und Giovanni Falcone zu klären. Nachdem Massimo Ciancimino ausgesagt hatte, fanden plötzlich viele ehemalige Minister, hohe Staatsbeamte, Polizisten und ehemalige Staatsanwälte ihre Erinnerung wieder – und sagten über Begebenheiten aus, die ein neues Licht auf die Hintergründe der Attentate fallen ließen.

Salvatore Borsellino, der Bruder des ermordeten Staatsanwalts, wies in einem offenen Brief darauf hin, dass die Lage der Mafia eine andere wäre, wenn sich mehr Söhne und Töchter der Mafia öffentlich von ihren Vätern und ihren Taten distanziert hätten.

Massimo Ciancimino zahlte für seine Aussagen einen hohen Preis: Er wurde bedroht, verfolgt und verklagt und nicht nur für seine ganze Familie zur Persona non grata, sondern auch für das gesamte Establishment – das nicht toleriert, wenn jemand die unheilige Allianz zwischen Teilen des italienischen Staates und der Mafia denunziert. Er sei ein Toter, der spricht, *un morto che parla,* so nennt es die Mafia, wenn sie jemanden geächtet hat, weil er ihre Geheimnisse verrät.

Tatsächlich wollte Massimo Ciancimino durch seinen couragierten Schritt lediglich aus dem Schatten seines Vaters heraustreten – auf dass der Name Ciancimino nicht mehr nur für den mafiosen Bürgermeister von Palermo stehe, sondern auch für einen Sohn, der den Mut gehabt hat, darüber auszusagen, welche Politiker und Staatsdiener sich mit der Mafia gemein gemacht haben.

Wie alles anfing

Entstanden ist die Mafia in Süditalien – ihre Ursprungsgebiete sind Sizilien, Kalabrien und Kampanien, aus denen die italienischen Mafiaorganisationen hervorgegangen sind: die sizilianische Cosa Nostra, die kalabrische 'Ndrangheta, die kampanische Camorra (heute auch *il sistema* genannt) und später auch die apulische Sacra Corona Unita.

In Westsizilien wurde man zuerst auf die Mafia aufmerksam. 1838 schickte Don Pietro Ulloa, Staatsanwalt in Trapani, dem Justizminister einen Bericht über die ökonomische und soziale Situation Siziliens, der eine genaue Beschreibung der Mafia enthielt, ohne dass jedoch der Name erwähnt wurde. Ulloa berichtete von *fratellanze*, Geheimbünden, auch *partiti* genannt, die ohne Versammlungen, ohne andere Bindung als die der Abhängigkeit von einem Oberhaupt existierten. Einem Oberhaupt, der mal ein Grundherr, mal ein Dekan gewesen sei. Eine gemeinsame Kasse half je nach Bedarf – um die Entlassung eines Beamten zu erreichen oder einen anderen zu gewinnen, mal um einen Beamten zu schützen, ein andermal, um einen Unschuldigen zu belasten. Das Volk habe mit den Übeltätern eine Art Übereinkunft getroffen. Wenn es zu Diebstählen kam, traten Vermittler auf, um Transaktionen zur

Wiedererlangung der gestohlenen Gegenstände anzubieten, viele Richter deckten diese *fratellanze* mit einem undurchdringlichen Schutz.

Es gibt kaum ein Wort, das in den Sprachen der Welt so verbreitet ist wie das Wort »Mafia«. Der Ursprung des Wortes liegt im Dunkeln – Linguisten vermuten ihn in der arabischen und spanischen Herrschaft auf Sizilien, wo es als Synonym für »überheblich« und »arrogant« genutzt wurde. Die Mafiosi nehmen das Wort »Mafia« allerdings nicht in den Mund, sie sagen »Cosa Nostra«, unsere Sache, ein Ausdruck, der seit den 1950er Jahren auch umgangssprachlich zunehmend verwendet wird.

Sicher ist nur, dass sich das Wort »Mafia« in Sizilien verbreitete, nachdem 1863 ein populäres Theaterstück in sizilianischem Dialekt aufgeführt wurde: *I mafiusi della Vicaria*, das vom Alltag einer geheimen, kriminellen Gruppe im Gefängnis von Palermo handelte, die den anderen Gefangenen ihre Gesetze aufzwang. Offiziell taucht das Wort »Mafia« zum ersten Mal 1865 in einem Bericht des Präfekten von Palermo Filippo Gualterio an das Innenministerium auf, der die Macht dieser kriminellen Geheimgesellschaft unterstreicht. Praktisch ist das die offizielle Geburtsstunde der Mafia – kurz nachdem im Jahr 1860 der italienische Nationalstaat entstanden war.

Historischer Hintergrund für die Entwicklung der Mafia ist die Tatsache, dass der Feudalismus in Italien erst 1812 abgeschafft wurde und sich diese feudalistischen Strukturen anders als im Norden in Süditalien noch lange bis ins 19. Jahrhundert hielten: Die großen Ländereien gehörten adeligen Großgrundbesitzern, die fern in Neapel, Rom oder Paris lebten und die Verwaltung ihres Grundbesitzes den sogenannten *gabellotti* überlassen hatten: Gutsverwaltern. Viehdiebstahl war das am

Soziologische Definiton der Mafia

Die Mafia ist eine Einheit aus kriminellen Organisationen, deren wichtigste, aber nicht einzige, Cosa Nostra ist. Sie handelt innerhalb eines Beziehungsgeflechts, in dem sie ein System von Gewalt und Illegalität einrichtet, das der Anhäufung von Kapital und dem Erwerb von Machtpositionen dient, wobei sie sich auf einen kulturellen Kodex stützt und sich eines gewissen sozialen Konsenses erfreut. (Vgl. Link 1 in den Lektüretipps)

(Soziologische Definition des renommierten sizilianischen Mafiaforschers Umberto Santino)

meisten verbreitete Delikt – das allerdings nicht mit Hilfe der von den Bourbonen eingesetzten Autoritäten gelöst wurde, die für Ordnung sorgen sollten, sondern von den Vorläufern der Mafiabosse.

Die erste umfassende Untersuchung der Mafia wurde 1876 von zwei jungen toskanischen Adeligen geleistet, Leopoldo Franchetti und Sidney Sonnino. Sie bereisten Sizilien, um die Situation von Wirtschaft und Verwaltung zu analysieren. Ihre Analyse ist von bleibendem Wert, weil sie die ersten waren, die das Machtsystem der Mafia auf moderne Art beschrieben: Als eine Verbrechensindustrie, ins Leben gerufen von bürgerlichen Gewalttätern, die das Gewaltmonopol des Staates ablehnen – und mit der territorialen Führungsklasse eng zusammenarbeiten.

Diese Definition ist auch deswegen heute noch von Bedeutung, weil sie den *unique selling point* der Mafia herausgearbeitet hat, der bis heute zu ihrem Überleben beitrug: Die Mafia arbeitet nie an den Rändern der Gesellschaft, sie ist kein

Fremdkörper, sie arbeitet im sozialen und politischen Herzen einer Gesellschaft. Bis heute. In Italien und im Rest der Welt.

Als 2014 die Ermittlung um die römische Hauptstadtmafia bekannt wurde, lieferte einer der verhafteten Mafiosi in einem abgehörten Telefonat die wohl passendste Definition der Mafia der Moderne: »Das ist die Theorie der Zwischenwelt. Oben sind die Lebenden und unten sind die Toten, und wir sind dazwischen. Wir sind dazwischen, weil auch die Personen, die sich in der oberen Welt befinden, ein Interesse daran haben, dass jemand aus der unteren Welt Sachen erledigt, die niemand anderes machen kann. Das ist es: Alles vermischt sich miteinander.«

Und das nicht nur in Italien, sondern auch in Deutschland.

Italiens Schicksalsjahre 1992–1993

Dass die Mafia viel mehr ist als eine pervertierte Familiengeschichte, habe ich spätestens im Sommer 1992 begriffen, als die beiden Antimafia-Staatsanwälte Giovanni Falcone und Paolo Borsellino ermordet wurden.

1989 war ich zum ersten Mal als Journalistin nach Palermo gekommen, um eine Reportage über den »Frühling von Palermo« zu schreiben: Kurz vor dem Fall der Mauer lag Aufbruchsstimmung in der Luft, die Mauer bröckelte, und auch in Palermo gab man sich überzeugt, dass dieser Moment der Anfang vom Ende der Herrschaft der Mafia sein würde. Falcone und Borsellino führten den Maxiprozess, an dessen Ende 360 Angeklagte zu insgesamt 2665 Jahren Haft verurteilt wurden: Es war der erste Prozess, in dessen Folge die Urteile gegen die Mafiosi nicht wie gewohnt »zurechtgerückt«, sondern von jeder Instanz bestätigt wurden. In Palermo herrschte große Euphorie und Enthusiasmus – und auch ich wollte mit meinen Reportagen dazu beitragen, dass die Mafia jetzt endlich besiegt werden würde. Journalisten überschätzen sich nun mal gern.

Als ich den Justizpalast zum ersten Mal betrat, zog ein Schwarm von Leibwächtern wie ein Rollkommando durch den

Gang, ich dachte, dass zwei Schwerverbrecher zu einem Gerichtstermin geführt würden, bis jemand sagte: Schau mal, da sind Falcone und Borsellino!

In jenem Frühling von Palermo gab es kaum einen Auslandskorrespondenten, der noch keine Reportage über Giovanni Falcone und Paolo Borsellino geschrieben hatte, jene beiden kühnen Antimafia-Staatsanwälte aus Palermo, die als unbesiegbar galten. Kein Artikel kam ohne eine ausführliche Beschreibung der ihnen zur Verfügung stehenden Sicherheitslogistik aus, mit wohligem Schaudern wurden alle Details geschildert – von den Maschinenpistolen ihrer Bodyguards über den Klang der gepanzerten Limousinentüren bis hin zu den Hubschraubern, die jeden ihrer Schritte von der Luft aus verfolgten.

Nie hätte ich gewagt, die beiden Richter um ein Interview zu bitten – zu sehr war ich noch damit beschäftigt, die Namen von Mafiabossen, die der mit ihnen verbandelten Politikern und die von ermordeten Mafiajägern auseinanderzuhalten: also den des mafiosen Bürgermeisters Vito Ciancimino von dem des Christdemokraten und siebenmaligen italienischen Ministerpräsidenten Giulio Andreotti zu unterscheiden, den Namen Salvo Lima, Andreottis (später ermordeten) Statthalter auf Sizilien, nicht mit dem der Bosse Totò Riina, Bernardo Provenzano und Giovanni Brusca zu verwechseln, und den Namen des von der Mafia ermordeten Polizisten Boris Giuliano nicht mit dem seines später ermordeten Kollegen Antonio Cassarà durcheinanderzubringen. Ich bewegte mich durch Palermo wie auf einem schwankenden Floß.

Als ich meine erste Reportage beendet hatte und wieder nach Deutschland zurückgekehrt war, las ich in der *Repubblica* einen Artikel darüber, dass man im Justizpalast von Palermo einen »Maulwurf« gefunden habe, der mit anonymen Briefen Falcone angreife. Ich weiß noch, wie ich das Wort *talpa* nachgeschlagen habe und erste Zweifel daran bekam, ob die Hubschrauber, die Falcone und Borsellinos Wege aus der Luft verfolgten, sie wirklich schützen könnten.

Drei Jahre später lebte ich bereits in Italien und arbeitete oft mit einer sizilianischen Fotografin zusammen, die ich in Palermo kennengelernt hatte. Im Frühjahr 1992 war sie nach Venedig gekommen, um mit mir eine Reportage über die letzten Venezianer zu machen. Wir waren gerade von einem Interview zurückgekehrt, als das Telefon klingelte. Am anderen Ende der Leitung war der Mann der Fotografin. Er sagte: Sie haben Falcone umgebracht.

Noch während die Fotografin mit ihrem Mann telefonierte, schaltete ich den Fernseher ein, die ersten Bilder der Autobahn von Capaci flimmerten über den Schirm, wir saßen stumm da und sahen den Krater, die aufgeworfene Erde, die Autowracks, Polizisten, Sanitäter. Wir hörten das Heulen der Sirenen, die stammelnden Reporter, das Geschrei und das Geräusch rotierender Hubschrauberblätter.

Es war ein Gefühl, als wäre aus den Tiefen des Ozeans plötzlich eine Bestie aufgetaucht, hätte alles verschlungen und wäre wieder abgetaucht. Zurück blieb ein Meer, das wieder still war, nur auf der Oberfläche trieben noch Trümmer und Holzplanken.

Das war der Moment, in dem ich begriff, dass die Mafia mehr war als jene verheuchelten Bosse, die beim Maxiprozess in den Käfigen saßen, auf jede Frage mit einem unterwürfigen »Ja, Herr Richter« und »Nein, Herr Richter« antworteten und ständig Gleichnisse aus der Bibel zitierten. Die Mafia war mehr als Killer und Brandstifter. Sie war eine Macht.

In den Tagen danach waren die Zeitungen voll mit Anspielungen, die ich zu enträtseln versuchte. Ich sah, wie die Politiker auf Giovanni Falcones Beerdigung ausgepfiffen wurden und las das Interview mit Paolo Borsellino, der sich als »Leiche, die noch läuft« bezeichnete – und von der moralischen Pflicht sprach, weiterzumachen, ohne sich einschüchtern zu lassen. Als er keine zwei Monate nach Falcone ebenfalls ermordet wurde, dachte ich, dass ich in ein Land gezogen war, in dem Krieg herrschte.

Das Jahr 1992 war ein Schicksalsjahr. Für die italienische Politik. Und für die Mafia. Die üblichen Gewissheiten waren verlorengegangen. Seit dem Fall der Mauer war der mächtigen christdemokratischen Partei das Gespenst des Kommunismus abhandengekommen und den Kommunisten das Geld aus Moskau. In Mailand liefen die Schmiergeldermittlungen »Mani pulite« rund um die illegalen Parteispenden, die nicht nur Sozialisten und Christdemokraten, sondern das gesamte italienische Parteiensystem in den Abgrund rissen. Unzählige Politiker und Industrielle wurden verhaftet. Die Mafia hatte keinen politischen Ansprechpartner mehr. Und dann waren im Januar 1992 eben auch noch die Urteile des von Falcone und Borsellino geführten »Maxiprozesses« in letzter Instanz bestätigt worden – und nicht aufgehoben, wie es die Mafia bisher gewohnt war. Zum ersten Mal war der Mythos von der Unbesiegbarkeit der Mafia zerstört. Danach kam es zur Wende.

Im März 1992 ermordete die Mafia erstmals einen ihrer Gönner: Salvo Lima, den ehemaligen christdemokratischen Bürgermeister von Palermo, Statthalter des Ministerpräsidenten Andreotti auf Sizilien. Lima wurde von zwei Killern vor dem Hotel Palace am Strand von Mondello niedergestreckt.

Der Mord sollte für den Ministerpräsidenten Andreotti ein Denkzettel sein: Jahrzehntelang war er von der Mafia mit Wählerstimmen für die Zusammenarbeit belohnt worden – und diesmal nicht seiner Pflicht nachgekommen, die Urteile des Maxiprozesses aufheben zu lassen. Nach der Ermordung von Lima befürchteten einige christdemokratische Politiker ein ähnliches Ende und versuchten alles, um die eigene Haut zu retten.

Als die 572 Kilo schwere Bombe am 23. Mai 1992 um 17.56 Uhr und 48 Sekunden in einem Abflussrohr unter der Autobahn unweit von Capaci explodierte und den Richter Giovanni Falcone zusammen mit seiner Frau und drei Leibwächtern tötete, verzeichneten die Messstationen sizilianischer Seismographen die Bombenexplosion als kleines Erdbeben, mit Epizentrum bei Capaci. Die Bombe riss nicht nur einen vier Meter tiefen Krater in die Erde – sondern auch in das Bewusstsein der Italiener. 57 Tage später, am 19. Juli 1992, wurde Falcones Freund und Kollege Paolo Borsellino in Palermo vor dem Haus seiner Mutter in der Via Amelio in die Luft gesprengt – zusammen mit seinen fünf Leibwächtern.

Für viele Italiener sind die Morde an Falcone und Borsellino bis heute das Kainsmal der Republik. Der Sündenfall. Niemand glaubt ernsthaft daran, dass ein halbes Dutzend Analphabeten in der Lage war, Attentate mit einer Präzision auszuführen, die selbst die Sprengstoffexperten des CIA vor Neid erblassen ließ.

Für eine Generation junger sizilianischer Antimafia-Staatsanwälte wurde der Sommer 1992 zum Wendepunkt. Eine Generation, die wusste, dass sich hinter den Attentaten gegen die beiden Richter mehr als die Mafia verbirgt: Das Blut der beiden Richter war noch nicht getrocknet, da hatte der italienische

Die Autobahn bei Capaci nach dem Sprengstoff-Anschlag auf Giovanni Falcone am 23. Mai 1992

Staat bereits kapituliert und verhandelte weiter mit der Mafia – so wie er es von Anfang seines Bestehens an getan hatte.

Der rote Taschenkalender, von dem sich Paolo Borsellino nie trennte, wurde zum Symbol für die nie geklärten Hintergründe der Attentate: Nachdem die Mafia im Mai 1992 Falcone, seine Frau und drei Leibwächter ermordet hatte, arbeitete Borsellino Tag und Nacht. Er wollte wissen, warum sein Freund sterben musste. Obwohl er kein Mandat für diese Ermittlungen hatte, befragte er Augenzeugen, Kollegen, Polizisten, Carabinieri und Kronzeugen, führte in Rom sogar mit Ministern Gespräche und protokollierte alles in seinem Kalender. Er wusste, dass ihm nicht viel Zeit blieb: »Der Sprengstoff für mich ist schon angekommen«, vertraute er Kollegen an. Jeder in der Familie, seine Frau, seine Kinder, auch sein in Mailand lebender Bruder Salvatore, spürte die Gefahr, in der sich Paolo Borsellino bewegte.

Der Kalender, in dem er Begegnungen und Beobachtungen notierte, besonders diejenigen, die er nach der Ermordung seines besten Freundes machte, blieb seit dem Attentat verschwunden – obwohl Borsellinos Aktentasche unbeschädigt auf dem Rücksitz seines Autos gefunden wurde. Und obwohl sich ein Kollege von Borsellino daran erinnerte, die Tasche aus dem Auto holen lassen zu haben. Nur an das, was mit der Tasche danach geschah, daran erinnert er sich nicht mehr.

Die Erinnerung kränkelt bei vielen Beteiligten. Wir wissen heute alles über die Sprengkraft der Bomben, wir wissen, welcher Mafioso wo auf den Bergen von Capaci stand, wer das Fernglas hielt, wer während des Wartens auf die Wagenkolonne mit Falcone welche Zigarettenmarke rauchte, und wer die Taste der Fernbedienung drückte, um die Explosion der Bombe auszulösen. Wir wissen, dass die Autobombe in der Via

Amelio vor dem Haus von Paolo Borsellinos Mutter in einem gestohlenen Fiat 126 präpariert worden war und das Signal zum Auslösen der Bombe vom Monte Pellegrino kam, wir wissen sogar, dass sich dort ein Büro des Geheimdienstes befand. Wir wissen, dass ein Mafioso, der als Bombenleger galt und als Reuiger gefeiert wurde, vom damaligen Chef des mobilen Einsatzkommandos der Polizei zu Falschaussagen gezwungen wurde, weshalb der Prozess gegen die Täter des Attentats von Paolo Borsellino wiederholt in Revision ging. Wir wissen, dass die Mafiabosse, die die Attentate ausgeführt haben, hinter Gittern sitzen. Wir wissen auch, dass ein Mafioso, der an den Attentaten beteiligt war und aussagen wollte, in seiner Zelle stranguliert wurde.

Aber wir wissen bis heute nicht, wer ihnen den Auftrag zu den Attentaten gegeben hat.

Sieben Attentate in vierzehn Monaten: Was im März 1992 mit der Ermordung von Salvatore Lima auf Sizilien begann, wurde im Sommer 1993 mit Anschlägen in Rom, Mailand und Florenz fortgesetzt. Ich erinnere mich noch daran, wie ich in Venedig über die Rialtobrücke lief und mir ein Freund erzählte, dass soeben in Rom eine Autobombe gezündet worden sei, die den italienischen Talkmaster Maurizio Costanzo und seine Frau nur knapp verfehlt habe. Ich weiß noch, wie mein Herz eine Sekunde lang stolperte: Am Tag zuvor war ich aus Palermo zurückgekehrt, wo ich eine Mafiafrau interviewt hatte, die ihren Mann kurz zuvor in Maurizio Costanzos Talkshow wortreich verteidigt hatte. Costanzo hatte sie aufgefordert, die Mafia öffentlich zu verdammen, was ziemlich viel Aufsehen erregt hatte. Später sollte ich erfahren, dass das die Mafiosi dazu gebracht hatte, einen Anschlag auf den Talkmaster auszuüben.

Die Attentatsserie endete 1993 mit dem missglückten Attentat auf das römische Olympiastadion, das Hunderte von Carabinieri hätte töten sollen. Nach Aussage abtrünniger Mafiosi habe dann der Zeitzünder der Autobombe nicht funktioniert. Das nährte den nie ausgeräumten Verdacht, dass die Cosa Nostra zu jenem Zeitpunkt bereits einen neuen politischen Ansprechpartner gefunden hatte.

Zahlreiche abtrünnige Mafiosi erklärten, dass nun eine weitere Phase der Verhandlungen mit dem Staat begonnen hätte: mit dem als rechte Hand von Silvio Berlusconi geltenden Forza-Italia-Mitbegründer und späteren Senator Marcello Dell'Utri, der sich heute als Mafia-Gehilfe in Haft befindet. Ein Sizilianer. Dell'Utri sei von der Cosa Nostra ausgesucht worden, weil er bereits die Gelder des Bosses Stefano Bontade erfolgreich investiert habe (scheinbar in Silvio Berlusconis Unternehmen Fininvest). Schon Giovanni Falcone und Paolo Borsellino hatten Dell'Utri im Visier gehabt – als Brückenkopf der Mafia in Norditalien. Nicht zufällig hatte Paolo Borsellino im letzten Fernsehinterview vor seiner Ermordung über Vittorio Mangano gesprochen, den oben genannten »Stallmeister«, der auf Vermittlung von Marcello Dell'Utri in der Villa San Martino lebte.

Kurz nach den Attentaten gelangte Silvio Berlusconi an die Macht, an der er zwei Jahrzehnte lang festhalten sollte, zusammen mit einer Opposition, die ihren Namen nicht verdiente.

Bereits vier Jahre nach den Anschlägen enthüllten abtrünnige Mafiosi, dass die Bosse schon 1992 mit italienischen Politikern und hohen Beamten verhandelt und eine Liste mit zwölf Forderungen erstellt hatten, *papello* genannt, mit der sie das Ende der Terrorakte und Wählerstimmen anboten. Diese Forderungen reichten von der Revision der Urteile des Maxiprozesses über das Ende der Beschlagnahmung von Mafia-Gütern bis zur Abschaffung der Kronzeugenregelung und der Hochsicherheitshaft für Mafiosi. Wie jeder aufmerksame Zeitungsleser verfolgen konnte, wurden sie beflissen umgesetzt. Und zwar von politischen Akteuren jedweder politischen Orientierung.

Im März 1992 hatte der ehemalige Informant der italienischen Geheimdienste Elio Ciolini die Attentate vorausgesagt. Er stand im Verdacht, mit rechtsextremen Gruppierungen und einigen Protagonisten der Geheimloge *Propaganda Due* zusammenzuarbeiten und saß im Gefängnis wegen Betrugs. Aus der Zelle heraus hatte er an den Untersuchungsrichter einen Brief geschrieben, mit dem Betreff: »Neue Strategie der Spannung«. Darin kündigte er Ereignisse an, welche die öffentliche Ordnung destabilisieren würden: Attentate an öffentlichen Orten, Morde an Politikern mit dem Ziel der politischen Neuordnung. Ciolini wurde als Schmierfink bezeichnet, als Wichtigtuer, als irrer Verschwörungstheoretiker – und hatte fast alle Attentate jenes Jahres präzise vorausgesagt, einschließlich der Morde an den beiden Richtern und der darauf tatsächlich folgenden politischen Neuordnung.

Die einzigen, die Elio Ciolinis Brief eine außerordentliche Bedeutung beimaßen, waren junge Staatsanwälte in Palermo – so wie Roberto Scarpinato, der heute eben dort Generalstaatsanwalt ist. 1992 war er vierzig Jahre alt und arbeitete seit drei Jahren in dem von Giovanni Falcone gegründeten Antimafia-Pool. Scarpinato war Chefankläger des Andreotti-Prozesses und wurde nicht nur von Berlusconi stets als einer jener Jakobiner geschmäht, von denen er und manch anderer italienischer Spitzenpolitiker die italienische Justiz verseucht und sich selbst verfolgt wähnt.

Scarpinato war Zeuge, wie Falcone von seinen Kollegen im Justizpalast angegriffen wurde: »Im Innern dieses Justizpalastes gab es eine Staatsanwaltschaft, die eine Art Monolith darstellte und das Problem der Mafia auf ›bürokratische Weise‹ geregelt hatte – um die Worte von Giovanni Falcone zu gebrauchen. Von ihnen wurde Falcone als ›Sheriff-Richter‹ verhöhnt, weil er für eine dynamischere, progressivere Staatsanwaltschaft stand. Falcone und Borsellino waren die Bezugspunkte für uns junge Staatsanwälte, weil sie unserem Berufsstand einen starken Sinn gaben. Sie haben einen Beitrag geleistet, um unsere Demokratie gegen die kriminellen Mächte zu verteidigen.«

Für viele Italiener sind Staatsanwälte wie Scarpinato Hoffnungsträger – weil sie die im Gesetz verankerte Unabhängigkeit der Richterschaft bis heute verteidigen: Anders als in Deutschland sind italienische Staatsanwälte nicht weisungsgebunden. Stattdessen wacht der Oberste Richterrat über sie, der *Consiglio Superiore della Magistratura*, der eine Art Miniparlament der italienischen Richterschaft darstellt – und im Sinne der Regierungspartei oft Parteipolitik im Talar betreibt, etwa indem er Palermos berühmten Antimafia-Ermittlungsstab politisch säuberte und die Staatsanwälte, die Prozesse gegen die politischen Hintermänner der Mafia geführt haben, aus dem Antimafia-Pool ausschloss.

»In Italien ist die Frage der Justiz eine Frage der Demokratie«, sagt Roberto Scarpinato. »Ich habe verstanden, warum Giovanni Falcone, wenn er von der Mafia sprach, vom ›Großen Spiel‹ sprach. Damit meinte er, dass die Mafia letztlich nichts anderes ist als eine Komponente des großen Machtspiels. Es ist ein Spiel, das auf allen Tischen gespielt wird, mit legalen und demokratischen Methoden, aber auch durch den Einsatz von

Gewalt. Es gibt eine offizielle Geschichte und eine geheime, die die Ereignisse des Landes bestimmt hat. Die Attentate von 1992/93 stellen den finalen Endpunkt dieser langen Geschichte der kriminellen Macht dar.«

Als Sohn eines Staatsanwalts, der im sizilianischen Caltanissetta sehr erfolgreich gegen die Mafia ermittelte, musste Scarpinato schon als Kind von Leibwächtern zur Schule begleitet werden. Dennoch änderte sich sein Weltbild, nachdem er seinen Dienst in Palermo angetreten hatte: »Bis ich nach Palermo kam, hielt ich die Mafia für eine Geschichte von kriminellen Schlächtern, ich dachte an Personen wie Provenzano, Riina; Leute, denen es schwerfällt, sich in korrektem Italienisch zu verständigen. Aber als ich den Finanzströmen der Mörder folgte, befand ich mich plötzlich in den Heiligen Stätten der Hochfinanz, der Politik, in den gepflegten Salons des Bürgertums, so dass ich zu dem Schluss kommen musste, dass sich hinter den blutbespritzten Händen der Mörder nichts anderes als die Pharisäer verbergen, die ihre Macht und ihren Reichtum dank der Mafia erlangt haben. Das hat meine Sicht der Gesellschaft verändert. Auch meinen Blick auf die menschlichen Beziehungen.«

Im Jahr 2014 war es die Generalstaatsanwaltschaft Palermo, die dafür sorgte, dass Marcello Dell'Utri aus dem Libanon nach Italien ausgeliefert wurde und seine Gefängnisstrafe antreten musste, zu der er wegen Beihilfe zur Mafia verurteilt worden war.

Zuletzt hatte ein Abtrünniger im Prozess gegen Marcello Dell'Utri beschrieben, wie euphorisch die Bosse Filippo und Giuseppe Graviano gewesen seien, nachdem sie über Marcello Dell'Utri die Verbindung zu Silvio Berlusconi geknüpft hätten. Beglückt habe der Boss Giuseppe Graviano in Rom in der Via

Veneto erzählt, dass die Verhandlungen nun endlich zu einem erfolgreichen Abschluss gekommen seien: Man habe das Land in der Hand, dank des sizilianischen Landsmannes und »dem von Canale 5« (eben Berlusconi). »Wir haben alles erreicht, was wir erreichen wollten, dank der Vertrauenswürdigkeit der Leute, mit denen wir jetzt zu tun haben«, habe Graviano gejubelt und betont, dass diese Leute keine kastrierten Ziegenböcke seien wie die Sozialisten, ihre bisherigen Geschäftspartner, die erst die Stimmen von Cosa Nostra einkassiert und ihr dann den Krieg erklärt hätten. Diese Personen seien die Versicherung für die Zukunft, habe Graviano gesagt, man müsse nur etwas Geduld haben und die guten Beziehungen zu ihnen pflegen. (2)

Im Prozess gegen Marcello Dell'Utri verweigerte Graviano die Aussage. Stattdessen beschwerte er sich über die Bedingungen der Hochsicherheitshaft und kündigte sibyllinisch an, dann auszusagen, »wenn es mir meine Gesundheit erlaubt«. Die Drohung wirkte. Eine Woche später wurde ihm seine Haft erleichtert – und eine »Hofdame« zugeteilt, wie man die Mafiosi niederer Ränge nennt, die die Mafiabosse beim Hofgang begleiten, damit sie täglich zwei Stunden lang am Sozialleben teilnehmen können.

Immer wieder meldet sich Giuseppe Graviano aus der Haft mit Anspielungen zu Wort. Im Jahr 2017 hörten ihn Staatsanwälte beim Hofgang ab. »Ich bin der einzige, der alles über das Attentat gegen Borsellino weiß«, sagte Graviano und: »1993 wollten sie keine Attentate mehr, der Berg hat mir gesagt: Nein, es reicht.« Wer der Berg ist, bleibt sein Geheimnis. Auf jeden Fall seien ihm für seine Dienste damals 50 Millionen Lire (damals umgerechnet 50 000 Mark) und ein falscher Pass angeboten worden. Die Brüder Graviano schlugen das Angebot aus. Und wurden 1994 in Mailand verhaftet. Zwei Monate vor Berlusconis Wahlsieg.

Es sei Berlusconi gewesen, der ihn 1992 um einen Gefallen, *una bella cosa*, gebeten habe, um in die Politik eintreten zu können, teilte Giuseppe Graviano seiner »Hofdame« mit – und beauftragte ihn, nach seiner Entlassung Berlusconi eine Botschaft zukommen zu lassen: »Deinen Nutten gibst du jeden Monat Geld, ich habe auf dich jeden Monat gewartet, und mich lässt du im Gefängnis verrotten.«

Nach Gravianos Anspielungen wurden die Ermittlungen gegen Berlusconi und Marcello Dell'Utri wieder aufgenommen. Es ist nicht das erste Mal, dass gegen Berlusconi als Mittäter der Attentate von 1992 ermittelt wird, stets in Tateinheit mit Marcello Dell'Utri. Drei Staatsanwaltschaften haben sich bereits die Zähne an ihm ausgebissen und mussten ihre Ermittlungen archivieren: Zum ersten Mal war es 1994 die Staatsanwaltschaft Palermo, die Berlusconi unter der Abkürzung »M« führte, seinen Freund und Vertrauensmann Dell'Utri unter »MM« und den Mafiaboss Vittorio Mangano als »MMM«. (3)

Der Pakt zwischen dem italienischen Staat und der Mafia ist der Schoß, aus dem alles kroch, der Beginn der Herrschaft einer politischen Klasse, die sich mit der Mafia verbrüdert hat. Dieser Pakt hat in Italien einen moralischen Verfall ohnegleichen zur Folge gehabt: Korruption wurde zum Kavaliersdelikt, die Umwelt bedenkenlos zerstört. Die nie geklärten Hintergründe der Verhandlungen zwischen Mafia und Staat schweben seit zwei Jahrzehnten wie eine Giftwolke über Italien. Die Existenz der Verhandlungen wurde zwar bereits mit einem Gerichtsurteil in Florenz bestätigt, aber die politische Klasse ist auch heute nicht an einer umfassenden Aufklärung interessiert, weil sie Wählerstimmen kosten kann. Was auch

Der Kampf gegen die Mafia in Zitaten

Giovanni Falcone
ermordeter sizilianischer Antimafia-Staatsanwalt

»Die Mafia ist kein Krebsgeschwür, das zufällig in einem gesunden Organismus wuchert. Sie lebt vielmehr von der perfekten Symbiose mit einer schier unglaublichen Anzahl an Beschützern, Komplizen, Informanten, Schuldnern aller Art, großen und kleinen Meistern ihres Fachs, Eingeschüchterten oder Erpressten aus allen Gesellschaftsschichten.«

Franco Roberti
Antimafia-Staatsanwalt aus Neapel

»Die Mafia ist ein für alle Mal besiegt, wenn wir der Organisation die Möglichkeit nehmen, sich mit der Politik, mit der Unternehmerwelt und mit der Wirtschaft zu verflechten.«

Paolo Borsellino
ermordeter sizilianischer Antimafia-Staatsanwalt

»Ich habe nie darum gebeten, gegen die Mafia zu kämpfen. Ich kam durch Zufall dazu. Dann bin ich aus moralischen Gründen dabeigeblieben, weil um mich herum die Menschen wegstarben.«

Rita Atria
Tochter eines sizilianischen Mafiabosses, ehemalige Informantin der Justiz

»Niemand kann verstehen, was für eine Leere der Tod von Borsellino in meinem Leben gelassen hat. Alle haben Angst. Aber das einzige, wovor ich Angst habe, ist, dass der Mafia-Staat immer siegen wird – und die paar armen Dummköpfe, die gegen Windmühlenflügel kämpfen, werden auch noch ermordet werden. [...] Borsellino, du bist für das gestorben, woran du geglaubt hast. Aber ohne dich bin ich tot.«

→ S. 10

Roberto Scarpinato
Antimafia-Staatsanwalt aus Palermo

»Der Mord in Duisburg geschah an einem Tag. Was aber die Geldwäsche betrifft, so wirkt sie sich auf Jahre hinaus aus. Aus dem Reichtum der Mafia wird wirtschaftliche Macht, und aus der wirtschaftlichen Macht wird politische Macht. Und die kann die Politik ganzer Staaten beeinflussen.«

der Grund dafür ist, dass die politische Klasse Italiens – und die mit ihr eng verbundenen Medien – vor keinem Wort so zurückschrecken wie vor dem der »Trattativa«, also den Verhandlungen zwischen der Mafia und dem italienischen Staat.

Im Jahr 2013 wurde in Palermo der Prozess der »Trattativa« eröffnet, der die Hintergründe der Verhandlungen zwischen Vertretern des italienischen Staates und der Mafia klären will: Für den Verzicht auf weitere Gewalt seien der Mafia nicht nur das Ende der Strafverfolgung, sondern auch politische Unterstützung garantiert worden. Drei italienische Politiker und drei hochrangige Carabinieri sind in Palermo angeklagt, mit fünf Mafiabossen verhandelt zu haben. Die drei Politiker sind: Senator Marcello Dell'Utri – zweimal als Gehilfe der Mafia verurteilt, der ehemalige christdemokratische Minister und heutige Abgeordnete Calogero Mannino sowie der ehemalige christdemokratische Innenminister Nicola Mancino. Zahlreiche Indizien lassen darauf schließen, dass Paolo Borsellino von diesem Pakt erfuhr, sich ihm widersetzte und deshalb sterben musste. Im April 2018 fällt das Urteil in erster Instanz: Marcello Dell'Utri, der ehemalige Minister Mannino, hochrangige Geheimdienstler und Mafiosi werden zu hohen Haftstrafen verurteilt. (4)

»Was wir vorwerfen, ist nicht, mit der Mafia verhandelt zu haben. Das ist ethisch verwerflich, aber nicht strafrechtlich«, sagt Nino Di Matteo, der federführende Staatsanwalt. »Die Angeklagten werden von uns beschuldigt, sich zum Botschafter mafioser Forderungen gemacht zu haben.«

Vier Jahre lang haben die fünf Staatsanwälte ermittelt, bevor der Prozess begann. Staatsanwalt Nino Di Matteo wird von 42 Leibwächtern bewacht, seitdem ein Hinrichtungsbefehl der Mafia bekannt wurde. 33 Personenschützer observieren sein

Haus und kontrollieren die Straßen, auf denen er unterwegs ist, 9 Leibwächter begleiten ihn auf Schritt und Tritt, einige davon Elitesoldaten der Anti-Terror-Spezialeinheit. Seit Herbst 2017 arbeitet Nino Di Matteo in der nationalen Antimafia-Ermittlungsbehörde in Rom.

Wie ungebrochen der Pakt zwischen der Mafia und dem italienischem Staat ist, lässt sich nicht nur an den mafiosen Mordaufrufen gegen Nino Di Matteo ablesen, sondern auch an der Stille seitens der Institutionen und der Politik. Der als redselig bekannte Ex-Premier Renzi hatte keinen einzigen Tweet übrig, als anonyme Briefe aus dem Umfeld der Geheimdienste darauf hinwiesen, dass die »römischen Freunde« des seit 1993 untergetauchten und weltweit gesuchten Bosses Matteo Messina Denaro die Ermordung des Staatsanwalts beschlossen hätten, der »zu weit« gegangen sei.

Genau wie Roberto Scarpinato hat auch Nino Di Matteo die Ermordung von Falcone und Borsellino als junger Staatsanwalt erlebt. »Für mich waren die Attentate 1992 der Wendepunkt meines Lebens«, sagt er. »Die Anschläge fielen genau in das Jahr, in dem ich hier mein Referendariat absolviert habe. Ich war ein junger Mann, glücklich darüber, das Examen geschafft zu haben und meinen Traum verwirklicht zu haben, das Referendarjahr in der Staatsanwaltschaft zu absolvieren, die ich schätzte. Dank Falcone und Borsellino hatten Begriffe wie Staat, Gesetz und Gerechtigkeit in Italien wieder einen Sinn. Ich durfte sie kennenlernen – und dann geschah das Drama. Ich erinnere mich noch an die Nacht vor der Beerdigung. Wir junge Staatsanwälte wachten stehend vor den Särgen. Es war das erste Mal, dass ich eine Richterrobe trug, ich hatte sie erst kurz zuvor gekauft. Es ist immer noch die gleiche, ich trage sie auch heute noch im Gericht.«

Nach der Referendarzeit begann Nino Di Matteo seine Karriere in der Antimafia-Staatsanwaltschaft von Caltanissetta, wo die Ermittlungen zu den Attentaten gegen Falcone und Borsellino stattfanden. Den großen Prozess um die »Trattativa«, den Pakt zwischen dem italienischen Staat und der Mafia führt Nino Di Matteo in eben dem Gerichtsbunker, der eigens für den Maxiprozess errichtet wurde.

»Kurz nach den Attentaten hatte die sizilianische Staatsanwaltschaft an Entschlossenheit gewonnen. Und jener Teil der Staatsanwaltschaft, der ›weiche Bauch‹ – stets bereit, nachzugeben, stets auf der Suche nach einem bequemen Leben und nicht nach der Wahrheit – wurde etwas verdrängt. Das konnte man bis Ende der 1990er Jahre spüren«, sagt Nino Di Matteo. Und fügt an: »Was ich befürchte, ist, dass sich dieser weiche Bauch – sowohl der Staatsanwaltschaft als auch der öffentlichen Meinung oder der Institutionen – wieder durchsetzt, der die Zeit vor den Attentaten bestimmte: All jene, die Falcones Art, die Mafia zu bekämpfen für falsch und übertrieben hielten und darin ein Indiz für Protagonismus sehen wollten, für die sogenannte ›Politisierung‹ der Staatsanwaltschaft; die glauben, dass ein Staatsanwalt nicht kämpfen sollte, nicht mal gegen die Mafia, dass er keine Meinung äußern und sich lediglich durch seine Gerichtsakten zu Wort melden soll. Giovanni Falcone begann zu sterben, als man ihn verleumdet hat, ihn isolierte, sogar innerhalb der Institutionen, und selbst innerhalb der Staatsanwaltschaft. Es stört mich sehr, ja es empört mich, dass diejenigen, die Giovanni Falcone heute ehren, diejenigen sind, die ihn einst isoliert und verleumdet haben. Die ihn als Sheriff bezeichneten, als schlechten Richter. Und die ihn heute nur loben, weil er tot ist. Die beste Art, Giovanni Falcone und Paolo Borsellino zu gedenken, ist, die Umstände zu klären, die zu ihrem Tod führten – und dafür zu sorgen, dass dies nie wieder geschieht.«

»Richter, Held des Antimafia-Kampfes« ist in den Marmor von Giovanni Falcones Grab eingraviert. Auf der Grabplatte liegen oft selbstgemalte Bildchen, mit Buchstaben, die man malt, wenn man zwölf ist und daran glaubt, dass alles wieder gut wird: »No Mafia« in Rot und »Ohne Gedenken gibt es keine Gerechtigkeit« in Rosa und mit Bleistift durchgepauste Bilder von Paolo Borsellino und Giovanni Falcone mit dem unvermeidlichen »Eure Ideen werden auf unseren Beinen weiterlaufen«. Rechts an der Wand der Grabkapelle hängt eine schmale Marmorplatte, die der Opfer des Attentats gegen seinen Freund Paolo Borsellino gedenkt.

Falcones Grab befindet sich in der Kirche von San Domenico. Die Schwester von Giovanni Falcone hat darauf bestanden, ihren Bruder in das »Pantheon der berühmten Sizilianer« umzubetten. Falcone ruht nun an der Seite von sizilianischen Heimatdichtern und sizilianischen Juristen des Risorgimento – und wurde so von seiner Frau Francesca Morvillo getrennt, Staatsanwältin auch sie. Die von Falcones Schwester erzwungene Umbettung hat bei vielen Italienern Empörung ausgelöst, schließlich war Falcone mit seiner Frau nicht nur im Leben, sondern auch im Tod vereint: Sie ist bei dem Attentat auf Falcone ebenfalls ums Leben gekommen.

Kurz vor den Gedenktagen an Falcone und Borsellino meldete sich mal wieder Berlusconi zu Wort: »Falcone ist das Symbol dafür, wie ein Staatsanwalt sein sollte«, sagte er. Einigermaßen erstaunlich, hatte er doch vorher einen beispiellos zynischen Kreuzzug gegen Antimafia-Staatsanwälte geführt.

Das Problem ist, dass sich ein Toter nicht wehren kann.

Nicht dagegen, von seiner Frau getrennt zu werden, und auch nicht dagegen, von seinen Feinden vereinnahmt zu werden.

Im Herbst 2017 wurden die bereits archivierten Ermittlungen gegen Silvio Berlusconi und seine rechte Hand Marcello Dell'Utri wegen mutmaßlicher Mittäterschaft an den Attentaten gegen Falcone und Borsellino wieder aufgenommen.

Die Mafia in Deutschland. Oder wie die »deutsche Spur« im Sande verlief

Wie viele Deutsche glaubte auch ich lange, dass die Mafia eine italienische Angelegenheit sei. Erste Zweifel bekam ich 1992, kurz nach der Ermordung von Giovanni Falcone, als in den italienischen Zeitungen zu lesen war, dass Giovanni Falcone zwei Tage vor seiner Ermordung Morddrohungen aus Wuppertal erhalten hatte. Und dass Paolo Borsellino das letzte Telefonat vor seinem Tod mit dem Bundeskriminalamt in Wiesbaden geführt hatte. Neun Tage vorher hatte Paolo Borsellino einen Mafioso im Gefängnis von Mannheim verhört, den er überzeugt hatte, mit der Justiz zusammenzuarbeiten.

Bis zu ihrem Tod untersuchten Falcone und Borsellino die Ermordung des jungen Staatsanwalts Rosario Livatino, der 1990 von einem sechsköpfigen Killerkommando umgebracht worden war. Livatino hatte einen Waffenhandel zwischen Sizilien und Deutschland aufgedeckt und stets davon gesprochen, dass man nach Deutschland gehen müsse, um die »neue Mafia« zu verstehen. Er ermittelte gegen die Clans der Mafiahochburg Palma di Montechiaro, die zur mächtigen Agrigentinischen Mafia gehört – und die sich seit den 1960er Jahren in Nordrheinwestfalen bestens eingelebt hat. Livatinos Killer lauerten seinem Auto auf der Schnellstraße zwischen Agrigent und Caltanissetta auf – als er fliehen konnte, wurde er verfolgt und schließlich niedergestreckt.

Kurz nach dem Mord an Livatino ging bei der deutschen Polizei ein Fahndungsgesuch italienischer Ermittler ein. Der Killer, der Livatino die Pistole in den Mund gesteckt hatte, um ihm den »Gnadenstoß« zu geben, arbeitete zusammen mit zwei anderen Mafiosi in Dormagen im Restaurant »Portofino«. Zwei weitere Mörder wurden in der Leverkusener Pizzeria »Ai Trulli« festgenommen, und schon im Oktober 1990 berichteten die italienischen Zeitungen davon, wie die Mafia aus Hochburgen wie Palma di Montechiaro bei Agrigent ins Rheintal gelangt war.

Falcone hatte schon 1990 wissen wollen, wie und warum die Cosa Nostra in Deutschland Wurzeln schlagen konnte. Als er mit seinem neapolitanischen Kollegen Franco Roberti nach Düsseldorf kam, um einen Waffen- und Sprengstoffhandel zwischen Italien und Solingen aufzuklären, seien sie, wie Roberti bemerkt, auf eine Mauer eisiger Höflichkeit und völliger Unzugänglichkeit gestoßen: »Die eigentliche Sorge der deutschen Polizei galt nicht der Ansiedlung der Mafia in Deutschland, die wir im Zuge unserer Ermittlungen zweifelsfrei nachgewiesen hatten, sondern unserer Anwesenheit: Aus Furcht vor einem Anschlag hätten sie uns am liebsten die ganze Zeit über in einer Kaserne der Bundeswehr eingesperrt.«

Auch der legendäre Mafia-Kronzeuge Tommaso Buscetta schilderte den deutschen Ermittlern offenbar minutiös, wie die Mafia ihr Imperium in Deutschland organisierte. Schon 1991 gab es einen BKA-Bericht, der die Verflechtungen der Clans der Cosa Nostra, Camorra und ’Ndrangheta beleuchte-

Mafia in Zahlen

- 150 Milliarden Euro setzt die Mafia jährlich um, davon sind 105 Milliarden Euro Reingewinn.
- 55 Milliarden Euro ist der jährliche Umsatz der kalabrischen 'Ndrangheta. Damit stellt sie – vom Umsatz her – nach den Energiekonzernen Eni und Enel sowie der Investmentgesellschaft Exor Italiens viertgrößtes Unternehmen dar.
- 23 Milliarden Euro Umsatz macht die Mafia jährlich allein in der Agrar- und Lebensmittelindustrie (gefälschte Lebensmittel, gefälschtes »Made in Italy«)
- 585 italienische Mafiosi leben nach Auskunft des BKA in Deutschland, 344 davon gehören zur 'Ndrangheta.
- Pro Jahr werden jährlich von der Mafia mindestens 100 Milliarden Euro in Deutschland gewaschen.

Kalabrien

te – und von dessen Existenz die deutsche Öffentlichkeit erst erfuhr, als Falcone und Borsellino ermordet worden waren und italienische Journalisten von der »pista tedesca« berichteten, der deutschen Spur: der letzten in Wuppertal abgestempelten Todesdrohung gegen Giovanni Falcone und Paolo Borsellinos letztem Telefonat vor seinem Tod mit dem BKA in Wiesbaden.

Deutschland sei eine Provinz der Cosa Nostra, schrieben die italienischen Journalisten damals und zitierten aus deutschen BKA-Berichten, wonach die Mafiaclans sich seit Jahrzehnten nicht nur im Ruhrgebiet und in Baden-Württemberg bestens eingerichtet hätten, sondern nach dem Fall der Mauer auch den Osten Deutschlands aufgekauft hätten: Ganze ostdeutsche Innenstädte gehörten der Mafia, Geschäfte und Einkaufszentren, Immobilien und Restaurants seien in der Hand der Bosse, Leipzig sei komplett im Besitz der kalabrischen 'Ndrangheta: Für die Geldwäsche der Clans sei Deutschland ein Paradies.

Nach der Ermordung von Giovanni Falcone 1992 äußerte sogar Volker Gehm, der damalige Chef der Abteilung Organisierte Kriminalität im BKA, die für Deutschland revolutionäre Einschätzung, dass die Mafia die Bundesrepublik nicht mehr nur als Fluchtraum und Ruhezone nutze, sondern sie vielmehr zu einem ihrer Aktionsfelder geworden sei. Wenige Monate später beschrieb der *SPIEGEL* die Macht der Clans in Deutschland, stellte fest: »Die Mafia, so scheint es, hat gewonnen« und zitierte den BKA-Bericht, demzufolge die Annahme, dass Mafiosi ihre Einflusssphäre in den nächsten Jahren in der Bundesrepublik festigten, von zahlreichen Experten aus Justiz und Politik geteilt würde.

Und heute? Da erinnert man sich kaum noch an die Duisburger Mafia-Morde im Jahr 2007, geschweige denn an die »deutsche Spur«, die bis in die 1990er Jahre zurückführt.

»Dem LKA liegen keine konkreten Anhaltspunkte dafür vor, dass Gruppierungen der italienischen Organisierten Kriminalität in NRW ebenso tief in der Gesellschaft verwurzelt sind, wie dies von der Antimafia-Kommission des italienischen Parlaments sowie den italienischen Sicherheitsbehörden dargestellt wird«, lautete 2009 die Antwort des Landeskriminalamts Düsseldorf auf die von der damaligen SPD-Opposition initiierte Große Anfrage zum Thema »Bedrohung Nordrheinwestfalens durch die Mafia«. Eine kühne Behauptung.

Nicht nur, weil sie von einer groben Unkenntnis des Phänomens »Mafia« zeugt – deren vornehmste Eigenschaft ist, immer Teil der Gesellschaft zu sein, in der sie sich befindet – sondern auch, weil sie sämtlichen Erkenntnissen des BKA widerspricht, in dessen Berichten bis heute unzählige deutsche Helfershelfer auftauchen, ohne deren Unterstützung die Mafia in Deutschland gar nicht existieren könnte: Rechtsanwälte, Steuerberater, Bankdirektoren, Geschäftsführer, ehemalige Stasi-Mitarbeiter und deutsche Ehefrauen.

Die Mafia schätzt an Deutschland die Stabilität, den Wohlstand und die Tatsache, unterschätzt zu werden. Und das seit den 1960er Jahren, als sie im Gefolge der Gastarbeiter nach Deutschland kam und sich zuerst in den industriellen Zentren ansiedelte: im Ruhrgebiet, in Baden-Württemberg, in Bayern. Seitdem sind alle vier Mafiaorganisationen in Deutschland heimisch: die sizilianische Cosa Nostra, die kampanische Camorra, die apulische Sacra Corona Unita und vor allem die kalabrische 'Ndrangheta. Nach dem Fall der Mauer dehnte sich die italienische Mafia auch nach Ostdeutschland aus, legendär ist das von der Staatsanwaltschaft Palermo abgehörte Telefonat in der Nacht des 9. November 1989, als ein Boss einen Mafioso in Deutschland mit großer Weitsicht beauftragte, sofort nach Ost-Berlin zu fahren, um dort »alles zu kaufen: Diskotheken, Kneipen, Pizzerien, alles«.

Heute ist die Mafia in ganz Deutschland heimisch. Sie liefert Prostituierte, Kokain, Kinderpornomaterial, Waffen und billige Arbeitskräfte. An Dienstleistungen bietet sie Investitionskapital an, falsche Rechnungen, mit denen Steuern »gespart« werden können, illegale Giftmüllbeseitigung und – qua Gewalt oder Korruption – Unterstützung bei der Vermittlung öffentlicher Aufträge und beim Erreichen von Verwaltungsgenehmigungen. Öffentliche Gelder in ihre Taschen umzuleiten, ist die Königsdisziplin der Mafia – und da haben sich mit den europäischen Fördergeldern und dem gemeinsamen europäischen Markt viele neue Perspektiven ergeben. Die einzelnen Mafiaorganisationen machen sich untereinander keine Konkurrenz, sondern arbeiten in Arbeitsteilung zusammen: Der deutsche Kuchen reicht für alle.

585 italienische Mafiosi leben nach Auskunft des BKA in Deutschland, allein 344 davon gehören zur 'Ndrangheta – der mächtigsten Mafiaorganisation in Deutschland –, deren Zahl sich im Verhältnis zu 2008 vervierfacht hat. Die Dunkelziffer liegt natürlich um ein Vielfaches höher, weil die meisten Mafiosi keine Vorstrafen in Italien haben und deshalb in Deutschland eine Existenz als »erfolgreiche italienische Unternehmer« führen können.

Die 'Ndrangheta vollzog ihren Aufstieg im Schatten der sizilianischen Cosa Nostra – auf die sich seit der Attentatswelle 1992–1993 die Aufmerksamkeit der Ermittler und der Medien richtete. Die 'Ndrangheta wurde in den 1970er Jahren mit den Entführungen norditalienischer Industrieller reich und investierte diese Gelder in den Drogenhandel und in Immobilien in Deutschland. Heute kontrolliert sie den Kokainhandel weltweit. Sie ist die reichste und damit auch gefährlichste italienische Mafiaorganisation: mit ihren geschätzten 55 Milliarden Euro Jahresumsatz wäre sie Italiens viertgrößtes Unternehmen – nach den italienischen Energiekonzernen Eni und Enel und nach Exor, der Investmentgesellschaft der Firma Agnelli.

In Nordrhein-Westfalen ist die 'Ndrangheta vor allem in Duisburg und Bochum, Oberhausen und Essen, in niederrheinischen Städten wie Kaarst und Xanthen, Kevelaer und Neukirchen-Vluyn, Wesel und Dinslaken präsent. Aber auch in einer Universitätsstadt wie Münster, wo sich der aus Crotone stammende Clan Grande Aracri eingerichtet hat.

Außer in Nordrhein-Westfalen befinden sich die anderen Hochburgen der ’Ndrangheta in Stuttgart und München, im Allgäu genauso wie in Thüringen und Sachsen. Angesteckt von der Goldgräberstimmung nach dem Fall der Mauer, beschloss der in das Duisburger Massaker verwickelte Clan der ’Ndrangheta der Pelle-Romeo sein Glück in Ostdeutschland und schickte zwei Statthalter von Duisburg nach Erfurt. Diese kauften innerhalb kurzer Zeit Immobilien und eröffneten einem BKA-Bericht zufolge mehrere Pizzerien, mit »gehobenem Standard«. Anfangs in Erfurt, später dann auch in Leipzig, Dresden, Weimar, Eisenach. Heute gehört der ’Ndrangheta in Ostdeutschland ein ganzes Gastronomie-Imperium.

In Stuttgart sorgte der ’Ndrangheta-Clan Arena bei der Europawahl 2008 dafür, dass die Stimmen der italienischen Gemeinschaft dem Senator Nicola Di Girolamo zugutekamen – der 2010 festgenommen und bald darauf als Angeklagter des Fastweb-Geldwäscheskandals verurteilt wurde, eines der größten Betrugsskandale, der selbst die skandalgewöhnten Italiener überraschte (Millionengewinne dank falscher Rechnungen über den Verkauf nicht existierender Telefonkarten und Telefonate).

Im November 2013 wurde in Hamburg die HSH Nordbank durchsucht. Drei deutsche Geschäftsmänner sollen über eine Finanzierung der Bank für eine süditalienische Windkraftanlage – einen der größten Windparks Europas – geholfen haben, Gelder der ’Ndrangheta zu waschen, zufällig auch hier der Clan Arena – der im Sommer 2017 wieder Schlagzeilen machte, weil er angeblich mit dem Flüchtlingszentrum von Isola Capo Rizzuto Millionen verdient hat, wobei Gelder in Millionenhöhe veruntreut wurden.

Die ’Ndrangheta hat gegenüber den anderen Mafiaorganisationen einen organisatorischen Vorteil: Sie kann Niederlassungen vor Ort gründen: Zellen, sogenannte »locale«. So fand etwa am Abend des Mafiamassakers von Duisburg in einem Hinterzimmer des Restaurants »Da Bruno« eine Mafiataufe statt.

Die Ermittlungen zum Duisburger Mafiamassaker haben die Geschäfte der 'Ndrangheta in Deutschland allerdings keineswegs beeinträchtigt: Bereits 2009 wurde in Siegen in der Bar eines kalabrischen Besitzers eine weitere Mafiataufe abgehört. Was die Lombardei für Italien sei Deutschland für Europa: die zweite Heimat der kalabrischen Mafia, stellt der kalabrische Antimafia-Staatsanwalt Nicola Gratteri fest. Deutschland ist das europäische Land, in dem nahezu alle wichtigen kalabrischen Clans fest installiert sind.

Ungeachtet dessen zeigten sich die deutschen Medien erstaunt, als im Juli 2015 die Verhaftung von acht kalabrischen Mafiosi am Bodensee bekannt gegeben wurde. In der *FAZ* beruhigte der Sprecher des Landeskriminalamtes Stuttgart mit den Worten: »Das sind häufig Personen, die hier unauffällig leben, die aber in Italien Straftaten begehen.« Subtext: »Keine Sorge, Leute, bei uns in Deutschland benehmen sich sogar die Mafiosi anständig!«

Die Ermittlung mit dem schönen Namen »Rheinbrücke« hat eine etwas längere Vorgeschichte: die ersten Verhaftungen gehen zurück auf das Jahr 2010 und 2011, als im Zuge der Operation »Crimine« mehr als 340 Mitglieder der 'Ndrangheta in der ganzen Welt verhaftet wurden.

Dabei entdeckten Ermittler neue 'Ndrangheta-Zellen in Italien, Australien, Kanada, Deutschland und der Schweiz.

Im deutschen Grenzgebiet zur Schweiz, in Singen, Rielasingen und Radolfzell, in Ravensburg und Frankfurt, in einer

Kleinstadt wie Engen im Landkreis Konstanz wickelten ansässige, voll funktionstüchtige Clans seit Jahrzehnten ihre Geschäfte ab: Waffen- und Drogenhandel, Geldwäsche, Prostitution, Giftmüll, Immobilienhandel, Restaurants.

Interessant für die italienischen Ermittler war die Rivalität zwischen den Clans in Deutschland und jenen im schweizerischen Frauenfeld und Zürich: Die größte Sorge des Bosses Bruno N. im deutschen Singen – eines bis dahin unverdächtigen Bäckers – war nicht etwa die deutsche Polizei, auch nicht die italienische, sondern »Ntoni lo svizzero«, der Anführer der konkurrierenden Clans in der Schweiz: Denn die »Schweizer« seien kurz davor, ein weiteres »locale«, also eine Mafiazelle, in Frankfurt zu gründen, die N.s Macht verwässert hätte.

Deshalb kam es zwischen den Bossen in Deutschland und in der Schweiz zu angespannten Telefonaten, hektischen Reisen zum Mutterhaus im kalabrischen Rosarno und regelmäßigen Lagebesprechungen in Bars und Pizzerien. Bei einem Treffen in Wängi unweit von Frauenfeld ging es um die dringliche Frage, ob diese Zelle tatsächlich berechtigt sei, zwei Clanmitgliedern einen höheren Rang zu erteilen. An der Geduld, mit der sich die Bosse ihren verzwickten Hierarchiefragen widmeten, lasen die italienischen Ermittler nicht nur ab, wie sicher sich die 'Ndrangheta-Clans in der Schweiz und in Deutschland fühlten, sondern auch, dass es hier um eine langfristige Investition in die Zukunft gehen sollte: Es ging darum, das Territorium abzustecken.

Im September 2014 dokumentierte ein Polizeivideo ein Geschäftstreffen kalabrischer Mafiabosse in einem Schweizer Landgasthof: Man sah übergewichtige Herren, die mehr oder weniger lustlos die Begrüßungsformeln herunternudelten und den Generationswechsel anstrebten – und dabei an die zur Bequemlichkeit neigende Jugend appellierten: »Wir haben uns unsere Namen gemacht, jetzt seid ihr an der Reihe! Wer arbeiten will, kann arbeiten! Es gibt Arbeit für alle: Erpressungen, Kokain, Heroin! Zehn Kilo, zwanzig Kilo, ich bring sie euch persönlich vorbei.« Im Sommer 2015 dokumentierte ein Polizeivideo ein weiteres Treffen, dieses Mal in einem deutschen Gasthof.

Worüber aber außer den *Stuttgarter Nachrichten* niemand berichtete, war, dass die im Juli 2015 festgenommenen Mafiosi bereits im November des gleichen Jahres untertauchen konnten, weil das Oberlandesgericht Karlsruhe die Freilassung aus der Auslieferungshaft verfügte. Der Grund: Die Strafvorwürfe der Italiener lagen mehr als fünf Jahre zurück. Nach fünf Jahren ist die Bildung oder Mitgliedschaft in einer kriminellen Vereinigung in Deutschland verjährt – kurz: Man geht am Oberlandesgericht Karlsruhe davon aus, dass man aus der Mafia austreten kann wie aus einem Golfclub.

Die sizilianische Cosa Nostra hat Hochburgen in Köln und Dortmund, aber auch in Leverkusen und Solingen, sie ist im Allgäu genau wie in Hamburg oder Mannheim präsent, die Camorra ist wie die apulische Sacra Corona Unita überall vertreten: Wo sich die Mafia einmal eingenistet hat, bleibt sie sitzen.

Nach Kempten kam die sizilianische Cosa Nostra im Gefolge der Gastarbeiter: In den Sechzigerjahren hatte eine Textilfabrik in Kempten Gastarbeiter aus der sizilianischen Kleinstadt Adrano unweit von Catania angeworben. Mit ihnen kamen auch die Mafiosi, denen es Jahrzehnte lang gelang, inmitten ihrer unbescholtenen italienischen Landsleute zu verschwinden. In den 1980er Jahren verwandelte sich Kempten zu einer Fluchtburg der Cosa Nostra. Im Allgäu versteckten sich die sizilianischen Mafiosi nicht nur vor den italienischen Antimafia-Staatsanwälten – sondern auch vor ihren eigenen Leuten. In Adrano nämlich war Ende der 1980er Jahre ein Mafiakrieg ausgebrochen, in dessen Verlauf innerhalb von drei Jahren 376 Mafiosi ermordet wurden. Je größer der Druck in Italien wurde, desto mehr Clan-Angehörige flüchteten nach Kempten – wo sie erfolgreich ihre bewährten Geschäftsfelder betrieben: Waffen- und Drogenhandel. Die Allgäuer Connection war geboren.

Kempten war für die Mafiosi, genau wie Traunstein oder Konstanz, auch wegen seiner Grenznähe interessant. In jenen Zeiten, als noch kein Schengener Abkommen den Mafiosi die Arbeit erleichterte, wählten die Bosse mit Vorliebe solche Orte aus, um die Grenze zu überwachen: Wann sind Stoßzeiten, wann wird besonders gut, wann besonders nachlässig kontrolliert?

Ungeachtet dieser Vorgeschichte gaben sich jedoch alle erstaunt, als ein tapferer Reporter der *Augsburger Allgemeinen* im Frühjahr 2014 die Geschichte von den 1,6 Kilo Kokain im Spind des Drogenfahnders in Kempten ans Licht brachte: Wie? Mafia in Kempten? Der bayerische Innenminister drohte »sorgfältigste Ermittlungen« an, man bangte um die Gefühle der im Ort lebenden Italiener und versuchte damit zu trösten, dass die Mafia dort eigentlich Geschichte sei und der Drogenfahnder das Kokain nur zu Schulungszwecken in seinem Spind aufbewahrt habe. Das Ganze sei also nichts als ein bedauerlicher Einzelfall, auch weil in Kempten ohnehin andere kriminelle Banden der Mafia Konkurrenz machten. Später wurde der Drogenfahnder zu sechseinhalb Jahren Haft verurteilt – wegen Drogenbesitzes, gefährlicher Körperverletzung und

Vergewaltigung seiner Ehefrau. Die Herkunft des Kokains blieb ungeklärt.

Nach Mannheim, wo der Antimafia-Staatsanwalt Paolo Borsellino kurz vor seiner Ermordung einen Mafioso verhört hatte, war die Cosa Nostra ebenfalls im Gefolge der italienischen Einwanderung gekommen: aus der Gegend des sizilianischen Palma di Montechiaro in den Mannheimer Stadtteil Jungbusch.

Ihre Fehde trugen die verfeindeten Cosa-Nostra-Clans Anfang der 1990er Jahre mit Morden mitten in Mannheim aus – was aber offenbar längst erfolgreich verdrängt worden war, als die *taz* 2013 über einen Doppelmord im Stadtteil Kirschgartshausen berichtete: Ein Italiener und seine thailändische Ehefrau waren regelrecht hingerichtet worden. Zuvor hatte man den sogenannten »Paten von Mannheim« in Sizilien ermordet. Laut Recherchen italienischer Journalisten waren zwischen den sizilianischen Clans aus Licata und Palma di Montechiaro Verteilungskriege im Gang, denen auch der Italiener aus Kirschgartshausen und seine Lebensgefährtin zum Opfer gefallen waren.

Von Mannheim führten Spuren nach Köln und Dortmund – zur dortigen Baumafia: Wie ein ausgestiegener Killer in einer Dokumentation feststellte, habe Matteo Messina Denaro, der sizilianische »Boss der Bosse«, das Zeichen für die Morde gegeben, weil er sich das gute Geschäft der Baumafia nicht von ein paar zugekoksten Mannheimer Paten kaputtmachen lassen wollte: Weg mit Schaden. In Italien werden aufgrund der lange andauernden Wirtschaftskrise kaum noch große öffentliche Bauaufträge vergeben, schon aus diesem Grunde darf das Geschäft der Baumafia in Deutschland nicht gestört werden.

Dies umso mehr, als die sizilianischen Bosse keinen großen Medienwirbel fürchten mussten: Wie die *taz* berichtete, zeigte sich die Mannheimer Staatsanwaltschaft Journalisten gegenüber sehr zugeknöpft. Mafiamorde in Mannheim? Baumafia? Bloß keine schlafenden Hunde wecken. Das war auch gar nicht notwendig. Die Nachbarn des ermordeten Mannheimer Mafia-Paten waren ganz entspannt, als sie erfuhren, dass es sich bei dem Mannheimer Doppelmord lediglich um einen Mafia-Mord handelte: »Da war es für uns abgehakt.«

Ruhe ist oberste Bürgerpflicht. In Deutschlands Gerichten wird selbst die Baumafia nicht als solche bezeichnet, sondern als »bandenmäßig organisierte Struktur, die in gewerbsmäßiger Art und Weise in großem Umfang Steuern hinterzieht und den Sozialversicherungsträgern hohen Schaden zufügt«. Mit Scheinfirmen und Schwarzarbeiterkolonnen werden innerhalb von Wochen Millionengewinne gemacht. Im Januar 2013 nahmen 400 Ermittler bei einer Razzia gegen die sizilianische Baumafia in Nordrhein-Westfalen elf Verdächtige fest, die über Strohfirmen im Baugewerbe Schwarzarbeit und Steuerstraftaten mit einem Gesamtschaden von mehr als 30 Millionen Euro begangen haben sollen.

Viele große deutsche Bauunternehmer drücken beide Augen zu, wenn sie den Auftrag an den billigsten Subunternehmer vergeben, obwohl sie genau wissen, dass er mit legalen Mitteln nicht so preisgünstig ausgeführt werden kann, weil die erforderliche Masse Stahl oder Beton einen präzisen Weltmarkt-Preis hat. Der nur mit mafiosen Methoden unterschritten werden kann. In Italien hingegen lösen Dumping-Preise bei den Angeboten automatisch Antimafia-Ermittlungen aus.

Heute versucht die Polizei in Deutschland zwar Bauunternehmer und Banken durch ganze Fragenkataloge für das Problem der mafiosen Strohmannfirmen zu sensibilisieren, etwa: »Liegen Wohnort und Geschäftsadresse in angemessener Entfernung?« oder »Warum gehen auf das Firmenkonto Umsätze von mehr als 50 000 Euro ein?« oder »Warum wird kein Dispokredit beantragt?« – aber die Vorgabe, dass bei öffentlichen Ausschreibungen das günstigste Angebot den Zuschlag erhält, gilt immer noch. Heuchelei ist bis heute nicht strafbar in Deutschland.

Im Februar 2014 suchten Ermittler bei einer Großrazzia in Deutschland und Italien mit Hundestaffeln und Hubschraubern nach 27 Mitgliedern eines Clans aus dem sizilianischen Catania, denen neben Erpressung und Rauschgifthandel vorgeworfen wurde, 1,5 Millionen EU-Agrarfördermittel von den Empfängern erpresst zu haben.

Und als im Herbst 2017 37 Mafiosi des Clans Rinzivillo verhaftet wurden, befanden sich zwei Clanmitglieder in Deutschland, wo sie in Köln und Karlsruhe nicht nur Drogengeschäfte, sondern auch Restaurants betrieben und sich für Bauprojekte und Feinkostgeschäfte interessierten – in schönster Eintracht mit den Kalabriern, besonders mit dem in das Duisburger Mafiamassaker verwickelten Clan Strangio aus San Luca.

Interessant an der Verhaftung der beiden Mafiosi in Deutschland ist das, was die italienischen Ermittlungen über die Geschäfte des Clans Rinzivillo in Deutschland ergaben: So soll der Clanchef Salvatore Rinzivillo seine Interessen nicht nur in Städten wie Köln, Stuttgart und Karlsruhe gepflegt haben, wo er laut der italienischen Ermittler sein Kapital investierte, sondern auch in Amerika und sogar im Kongo.

Für seine Geschäfte in Deutschland bediente er sich eines Mittelsmannes, eines Italieners, der in Deutschland aufgewachsen ist und der bald das uneingeschränkte Vertrauen des

Bosses genoss – so sehr, dass dieser ihn zum Firmpaten seines Sohnes machte, in Sizilien ein Ausdruck höchster Wertschätzung.

Vordergründig ging es um den florierenden Kokainhandel und um die Ausweitung des von den Clans der Cosa Nostra kontrollierten Fischhandels nach Deutschland – der Fischhandel ist jedoch lediglich die Kulisse für ein viel ernsteres und bedeutenderes Geschäft: die Geldwäsche. Ein Geschäft, an dem der Clan Rinzivillo weitere befreundete sizilianische Clans beteiligt, damit sich die Sache lohnt – darunter auch Verwandte des seit Jahrzehnten untergetauchten »Boss der Bosse«, Matteo Messina Denaro.

Der in Deutschland lebende Vertrauensmann des Bosses nimmt dabei eine zentrale Rolle ein, weil er, wie der Boss selbst erzählt, über wertvolle Kontakte zu denjenigen verfüge, »die in der Welt das Sagen haben«, zu den Freimaurern.

Hilfreich beim Eintritt in diese Welt sei ein deutscher Rechtsanwalt aus Köln gewesen, den Rinzivillos Vertrauensmann so umworben habe, dass er keine freie Minute mehr gehabt habe. Und natürlich habe der Zutritt zu diesem exklusiven Freimaurer-Zirkel seinen Preis: 50 Millionen Euro. Die müsse der Boss zahlen: »Es ist praktisch ein Eintrittsgeld«, sagt der Vertrauensmann, »eine Art Investition, praktisch ein Willkommensgruß.«

In Italien ist die enge Verbindung zwischen Freimaurer-Logen und elitären Mafia-Zirkeln schon lange bekannt – und kontinuierlich Gegenstand von Ermittlungen. In Deutschland hingegen drangen dazu bislang wenig Erkenntnisse an die Öffentlichkeit. Umso interessanter lesen sich die Ermittlungsakten rund um die extrem ambitionierten Geschäfte der sizilianischen Clans: Da geht es um große Investitionen in das

Bauprojekt Stuttgart 21, um Geschäfte mit Outlets und Supermarktketten, um sechs Millionen Euro, die in eine in Deutschland ansässige Firma für Medizintechnik investiert werden sollen – das Ganze natürlich als Vorwand für Geldwäsche.

Wobei es bei den Bauprojekten extrem hilfreich ist, dass in Deutschland, anders als in Italien, bei den Bauunternehmern keine Antimafia-Kontrollen durchgeführt werden, also Unternehmer, die in Italien bereits Vorstrafen wegen Begünstigung der Mafia haben, ohne Weiteres ungestört arbeiten können.

In Italien ist bei jeder Präfektur ein Verzeichnis einschlägiger Lieferanten, Dienstleister und Bauunternehmer hinterlegt, die nachweislich keinen Unterwanderungsversuchen der Mafia ausgesetzt sind. Diese Antimafia-Informationen werden regelmäßig überprüft – und falls ein Unternehmen der Prüfung nicht standhält, wird es aus diesem Antimafia-Verzeichnis gestrichen.

Und geht dann, wie im Fall des oben genannten Clans, nach Deutschland, wo es weder ein solches Verzeichnis noch die Sensibilität für von der Mafia unterwanderte Bauunternehmen gibt.

Angesichts solch rosiger Aussichten ist verständlich, dass der unternehmerische Ehrgeiz des Cosa-Nostra-Clans kaum mehr zu bremsen war und er sich, zwecks Geldwäsche, auf unternehmerische Höhenflüge begab: Der in Deutschland ansässige Vertrauensmann, stiller Teilhaber einer Firma, die auf den Namen eines deutschen Strohmanns angemeldet ist, machte sich auf die Suche nach einem Partner, um mit ihm ein Joint-Venture aufzubauen. Die beiden Partnerunternehmen müssen gesund wirken, die Geschäftsidee überzeugend – das Kapital, das für die Banken als Pfand eingesetzt wird, stellt kein Problem dar: Es kommt aus Italien oder von einer Bank in London – Geld, das mit Drogen verdient wurde und darauf wartet, gewaschen zu werden.

Wenn eine Bank keine Zweifel an der Herkunft des Geldes anmeldet, kann die Mafia bei diesen Joint-Venture-Geschäften ihr schmutziges Geld als »Sicherheitsgarantie« einsetzen, für die sie einen Kredit erhält. Wenn etwas schief geht, hat die Bank immer noch die Sicherheitsgarantie (und damit das schmutzige Geld) in der Hand. Naturgemäß gehen solche Geschäfte oft schief.

Und die Banken waschen damit dieses Geld für die Mafia – denn derjenige, der den Kredit bekommen hat, muss den ja nicht zurückzahlen, er ist bereits mit der Sicherheitsgarantie vergolten. Bei jedem misslungenen Geschäft wird aus schmutzigem Geld sauberes.

»So ist die Gesellschaft nun einmal. Sie kommt korrupt zur Welt und stirbt korrupt. Niemand kann diese Welt ändern«, sagte der Boss am Telefon.

Aber manchmal gibt es auch einen Hoffnungsschimmer: »Il tempo è galantuomo«, sagt man in Italien – und meint damit: Mit der Zeit kommt alles ins rechte Lot. Daran musste ich denken, als ich im Januar 2018 auf der Liste der 186 Verhafteten der Mafia-Razzia mit dem poetischen Titel »Styx« den Namen eines »erfolgreichen italienischen Unternehmers« aus Stuttgart las: ein alter Bekannter, über dessen erstaunliche Karriere, Fähigkeiten und Freundschaften ich bereits oft geschrieben habe.

Seine wichtigste Freundschaft war die zu einem ehemaligen deutschen Ministerpräsidenten – der aber, wie er zu versichern nicht müde wird, schon lange keinen Kontakt mehr zu ihm hat.

Ganze Journalistengenerationen haben sich an diesem italienischen Unternehmer die Finger wundgeschrieben – während die Staatsanwälte erfolglos gegen ihn ermittelten: die deutschen Staatsanwälte in Stuttgart erfolglos wegen Geldwäsche und Drogenhandels, die kalabrischen Staatsanwälte erfolglos wegen Mafiazugehörigkeit: Die Richter sprachen ihn vom Vorwurf der Mafiazugehörigkeit frei, weshalb er daraufhin, wie das BKA vermerkte, in Stuttgart wieder rauschende Feste feierte. Und schon im Jahr 2008 habe derselbe Mann, wie es italienische Staatsanwälte vermuteten, seine besonderen Fähigkeiten wieder unter Beweis gestellt, als es um die oben bereits erwähnte große Wahlfälschungskampagne italienischer Wählerstimmen im Raum Stuttgart und Frankfurt ging. Damals fand ich sehr interessant, wie mir ein deutscher Staatsanwalt in Stuttgart erklärte, dass man gegen die Fälschungen italienischer Wählerstimmen in Deutschland leider, leider nichts tun könnte, dazu gäbe es gar keine Gesetze, das sei allein eine »italienische Angelegenheit«.

Letztendlich ist es immer ein »italienische Angelegenheit«, wenn die Mafia in Deutschland mal wieder entdeckt, und, wie es sich für das zupackende Deutschland gehört, natürlich auch gleich zerschlagen wird: »Schlag gegen die Mafia«, war zu lesen, als die elf mutmaßlichen Mafiosi im Stuttgarter Raum verhaftet wurden: »Elf Festnahmen – Polizei zerschlägt Mafia-Clan« und »Deutschland und Italien schlagen gegen die Mafia zurück«. Das ZDF änderte sogar sein Programm, weil es den »Weißkragen« angeblich an den besagten ging.

Aber was da so eifrig bejubelt wurde, war de facto ein Armutszeugnis für Deutschland. Die deutschen Gesetze hätten nicht mal für einen Haftbefehl ausgereicht: Die Italiener hatten einen Antrag auf Rechtshilfe gestellt, daraus wurde dann ein europäischer Haftbefehl. Ohne die Italiener wäre kein einziger der in Deutschland lebenden Mafiosi festgenommen worden – was nicht der Fehler der deutschen Polizei oder der deutschen Ermittlungsbehörden ist, sondern allein der mangelnden deutschen Gesetze, die, remember, von den Politikern gemacht werden, die wir wählen.

186 Personen wurden verhaftet, elf davon in Deutschland. Ihnen wird versuchter Mord, Erpressung, Geldwäsche und Verstoß gegen das Waffengesetz, internationale Kfz-Verschiebung, illegaler Handel und illegale Verschiebung von Müll bis hin zu unlauterem Wettbewerb vorgeworfen. Sie übten ein Monopol auf ganze Wirtschaftszweige aus, darunter die Herstellung und der Verkauf von Lebensmitteln. Egal ob Fisch, Wein oder Pasta: Sie zwangen die italienischen Restaurants in Deutschland zur Abnahme ihrer Waren. Der gesamte Fischmarkt im Stuttgarter Raum, ein Monopol des Clans Farao. Und die italienischen Restaurants unter der Kontrolle der Clans der 'Ndrangheta.

Mich haben die Verhaftungen an eine besorgte Frage erinnert, die mir bei jeder Lesung gestellt wird: Zahlen die italienischen Restaurants in Deutschland der Mafia etwa Schutzgeld?

Ich antworte dann immer etwas gebetsmühlenartig, dass die Mafiosi längst nicht mehr unelegant in ein Restaurant einfallen, Schutzgeld verlangen und am Ende das Restaurant anzünden (wie in den 1990er Jahren geschehen, als selbst die Deutschen misstrauisch wurden). Stattdessen werden die italienischen Restaurantbesitzer seit langem gezwungen, Waren gegen einen überhöhten Preis einem bestimmten Lieferanten abzunehmen. So war etwa in den Akten davon zu lesen, wie jemand plötzlich eine Lieferung von fünfzig Kisten Wein erhielt, die er nicht bestellt hatte. Und dem Restaurantbesitzer, der den Wein nicht annehmen möchte, ein Foto seiner in Italien lebenden Verwandten gezeigt wird.

Der Witz an der Sache ist, dass ein deutscher Richter an dieser Stelle vielleicht sagen würde: Ja, wo ist denn das Problem, wenn einfach nur ein Foto von Verwandten gezeigt wurde, ist das doch keine Drohung!

Tja. An Ermittlungsergebnissen hat es in Deutschland jedenfalls nicht gemangelt. Nur an einer gewissen Sensibilität und an den passenden Gesetzen.

Das Schweigen der Lämmer – oder warum es der Mafia in Deutschland so leicht gemacht wird

»Wenn ich Mafioso wäre, würde ich meine Gelder in Deutschland anlegen«, sagte Roberto Scarpinato, Antimafia-Staatsanwalt aus Palermo. Und genau das tun die Bosse. Nicht zuletzt deshalb, weil sie dort nichts zu befürchten haben. Dass sich daran nichts ändert, dafür sorgt die deutsche Gesetzeslage, die, wie zahlreiche italienische Antimafia-Staatsanwälte immer wieder betonen, ein Einladungsschreiben an die Mafia ist.

Abhören ist in Deutschland aufgrund der bürokratischen Hürden praktisch unmöglich – Abhöraktionen, die in Italien zu den wichtigsten Instrumenten der Antimafia-Ermittler gehören, sind hierzulande undenkbar.

Auch die Beschlagnahmung von Mafiagütern ist in Deutschland nur theoretisch möglich, praktisch aber nicht, denn anders als in Italien, wo bereits Güter beschlagnahmt werden können, wenn nur der Verdacht auf Mafiazugehörigkeit besteht, kann das hier erst dann geschehen, wenn ein definitives, letztinstanzliches Urteil wegen Mafiazugehörigkeit vorliegt. Was bei Mafiosi, die bereits in vierter Generation in Deutschland leben und gegen die in Italien nicht ermittelt wird, nicht der Fall ist. Denn anders als in Italien ist die Mafiazugehörigkeit in Deutschland kein Strafdelikt: In Italien ist die alleinige Zugehörigkeit bereits strafbar, in Deutschland muss die konkrete Vorbereitung einer Straftat nachgewiesen werden. Will sagen: Okay, du bist vielleicht ein Mafioso, aber solange du in Deutschland ganz legal lebst – mit deinem Geld, das du mit Mord, Prostitution, Giftmüll, Menschen-, Drogen- und Waffenhandel verdient hast, ist das kein Problem für uns. Vor allem nicht, wenn du dein Geld in die deutsche Wirtschaft einfließen lässt; etwa, indem du einen Bahnhof baust, ein Spielcasino eröffnest, ein Stadtviertel hochziehst oder eine marode ostdeutsche Innenstadt renovierst. Kein Problem.

Und das hat sich auch nicht nach den von den Medien gefeierten, angeblich »neuen Gesetzen« zur Bekämpfung der Mafia geändert: Dahinter verbirgt sich vor allem das Wahlkampfgetöse des Sommers 2017. In der sogenannten Neuregelung (5) wird das Wort »Mafia« gar nicht erwähnt. Staatsanwälte sind nach wie vor skeptisch.

In Deutschland muss sich ein Mafioso auch keine Sorgen machen, dass jemand sich nach der Herkunft seines Geldes erkundigt, dafür sorgt die Beweislastumkehr: Nicht der Investor, sondern der Polizist muss nachweisen, dass das investierte Geld aus schmutzigen Quellen stammt; aber dass es so weit nicht kommt, dafür sorgt die Klausel, dass kein Polizist einfach auf Verdacht ermitteln darf: »anlassunabhängige Finanzermittlungen« sind in Deutschland nicht erlaubt.

Viele deutsche Politiker scheinen in der Geldwäsche eine Art Konjunkturankurbelungsprogramm zu sehen. Anders ist es nicht zu erklären, dass in Deutschland, einem Land, in dem, wie Geldwäscheexperten in einer Studie im Auftrag des Finanzministeriums (6) bekannt gaben, pro Jahr jährlich mindestens 100 Milliarden Euro gewaschen werden, neuerdings der Zoll für die Verdachtsmeldungen wegen Geldwäsche zuständig ist. Und beim Zoll wurde nicht nur das Personal halbiert, sondern er hat auch keinen Zugriff auf polizeiliche Datenbestände, weshalb er nicht beurteilen kann, ob es im Verdachtsfall um organisierte Kriminalität oder Terrorismus geht. Somit muss in jedem Verdachtsfall doch wieder die Polizei befragt werden – wodurch, wie der Bund deutscher Kriminalbeamter feststellte (7), die Geldwäschebekämpfung nahezu komplett an die Wand gefahren wurde.

Für Geldströme außerhalb des Finanzsektors sind die Länder zuständig, sagt das Finanzministerium. Wohl wissend, dass Geldwäschemeldungen im Nicht-Bankensektor, also bei Notaren, Immobilienmaklern oder Luxusguthändlern eine Seltenheit sind. So wundert denn auch nicht, dass Deutschland auf dem Ranking der Steueroasen des Transparency Index (unbedingt lesenswert, der Bericht über Deutschland [8]) auf Platz 8 steht, vor Panama, das sich auf Platz 13 befindet.

Über die Nachsicht gegenüber der Mafia wundern sich nicht nur italienische Strafverfolger, sondern auch deutsche: »Für die Verbrecherkartelle ist Deutschland das gelobte Land, weil unsere Justiz die Aktivität der Mafia völlig unterschätzt«, schreibt Egbert Bülles, der langjährige Leiter der Abteilung Organisierte Kriminalität des Kölner Justizzentrums, in seinem Buch *Deutschland Verbrecherland?*. Seit dem 11. September 2001, als viele Beamte aus den Abteilungen für Organisierte Kriminalität abgezogen wurden, um sich um das zu kümmern, was die Staatsanwälte hinter vorgehaltener Hand »Bärtige belauern« nennen, habe sich die Unterschätzung der Mafia in Deutschland noch verstärkt: »Das liegt unter anderem an den deutschen Strafverfolgern, speziell an den Landeskriminalämtern, die beharrlich islamistische Terroristen verfolgen, kriminelle Organisationen wie die Mafia aber weniger auf dem Schirm haben. Dabei wäre es gut, das eine zu tun, ohne das andere zu lassen.«

Die Flüchtlingswelle und die islamistischen Attentate der letzten Jahre haben das noch verstärkt. Alle blicken besorgt auf die sogenannten Parallelgesellschaften – und sehen nicht, dass sich die Parallelwelt der italienischen Mafia seit Jahrzehnten ungehindert ausgebreitet hat.

Der Mafia ist es nur recht, dass das Interesse ausschließlich auf der Bekämpfung der Islamisten liegt. Zumal sie die meisten Journalisten auch nicht fürchten muss. Und die wenigen renitenten kann sie sich mit dem Presserecht vom Leib halten.

Mit der vermeintlichen Verletzung des Persönlichkeitsrechts lassen sich nicht nur Berichte über mutmaßliche Stasi-Kontakte eines Politikers verhindern, sondern auch über Mafiosi und ihre Verbindungen in Politik und Wirtschaft.

Als mein Buch *Mafia. Von Paten, Pizzerien und falschen Priestern* erschien, verklagten mich mehrere italienische Gastronomen und weder diverse BKA-Berichte – von einer Richterin während der Verhandlung beharrlich BAK-Berichte genannt – noch Aussagen hochrangiger Antimafia-Ermittler samt Ermittlungsunterlagen italienischer und deutscher Staatsanwaltschaften reichten aus, um die Gerichte zu überzeugen, dass die eigentliche Aufgabe eines Journalisten in der Verdachtsberichterstattung besteht, und nicht darin, lediglich erfolgte Urteile zu referieren. Über einen solchen Verdacht darf berichtet werden, wenn sich der Journalist auf einen »Mindestbestand an Beweistatsachen« stützen kann. Als solche nannte ich nicht nur interne Berichte des Bundeskriminalamts, sondern auch Akten italienischer und deutscher Ermittler; hinzu kamen später vor Gericht sogar eidesstattliche

Versicherungen italienischer Ermittler. Außerdem bot der zweithöchste nationale Antimafia-Ermittler Italiens an, vor einem deutschen Gericht die Verstrickungen des Klägers selbst zu bezeugen. Indes: All das wurde von der deutschen Justiz nicht als sogenannte »privilegierte Quelle« betrachtet. Als Quellen akzeptierten die Richter nur offizielle, für die Öffentlichkeit gedachte Stellungnahmen oder rechtskräftige Urteile. Ende der Mafia-Berichterstattung. Wir wurden dazu verurteilt, Passagen des Buches zu schwärzen und eine stattliche Geldentschädigung zu zahlen.

Die später erschienenen Bücher von Jürgen Roth *Mafialand Deutschland* (9) und von Francesco Forgione *Mafia-Export* (10) erlitten das gleiche Schicksal. Die Autoren wurden verklagt und verloren ihre Prozesse ebenfalls.

Das deutsche Presserecht macht es sehr leicht, Autoren und Verlage zu verklagen: Dank Abmahnungen, einstweiligen Verfügungen und fliegendem Gerichtsstand hat sich das Persönlichkeitsrecht vor das öffentliche Interesse geschoben. In Italien werden Journalisten auch von der Mafia verklagt. Im Unterschied zu Deutschland aber gewinnen dort die Journalisten die Prozesse.

Mehr als ein Jahrzehnt nach dem Mafiamassaker von Duisburg ist Deutschland für die Mafia immer noch das Paradies auf Erden: Die Mafia will nicht auffallen, und die Deutschen wollen die Mafia nicht sehen. Eine Win-win-Situation.

Die Mafia macht ihre besten Geschäfte, wenn es ruhig ist. Und heute spricht in Deutschland niemand mehr über die Mafia: Ruhe ist eben oberste Bürgerpflicht. Nicht nur aus Sicht der Politik, sondern auch aus Sicht der Mafia – die nie ein Fremdkörper ist, sondern sich bis zur Unkenntlichkeit der Gesellschaft anpasst, in der sie lebt. Die Bosse wissen, dass man zwar in Kalabrien, Sizilien oder Neapel die Bürger mit Gewalt einschüchtern kann, in Deutschland die gleiche Taktik jedoch extrem kontraproduktiv wäre. Also versuchen sie dem Bedürfnis vieler Deutscher nach Ruhe entgegenkommen, indem sie zwei Vorurteile am Leben halten: dass die Mafia lediglich eine Art lichtscheues Gesindel sei, also eine Verbrechensorganisation, die irgendwo im gesellschaftlichen Unterholz ihr Unwesen treibt, anders als die Guten, Anständigen, Rechtschaffenen. Und dass sich die Mafia darauf beschränke, ihre kriminellen Geschäfte in ihrem Ursprungsland zu betreiben und Deutschland nicht als »Aktionsraum«, sondern lediglich als »Ruheraum« zu nutzen, vor dem nächsten Einsatz als Killer in San Luca oder Corleone, weil wir Demokraten über genügend Antikörper verfügen, um die Ausbreitung der Mafia aufzuhalten.

Bis heute habe ich noch keinen Politiker in Deutschland gehört, der das Thema »Mafia« in den Mund genommen hätte, ohne sogleich das Wort »Rückzugsraum« daran zu kleben. Nach dem Motto: Ja, es mag sein, dass es hier so etwas wie Mafia gibt – die ist hier aber nicht aktiv, eher auf Sommerfrische.

Leider bestätigen die Medien diesen Eindruck oft, wenn sie zum Beispiel eilfertig und auch etwas einfältig titeln: »Wichtiger Schlag gegen Schläfer gelungen.« Die Mafia schläft aber nicht in Deutschland. Es ist Deutschland, das schläft.

Die Mafia nutzt hier vielen: den großen Bauunternehmern, die wissen, dass ein bestimmter Subunternehmer den Bauauftrag zu diesen Dumpingpreisen unmöglich mit legalen Mitteln ausführen kann. Den Bankdirektoren, die ihre Geldwäschebeauftragten anweisen, angesichts der Wirtschaftslage in einem bestimmten strukturschwachen Gebiet bei einem bestimmten Investor ein Auge zuzudrücken. Den Unternehmern, die mit einem stadtbekannten Boss der 'Ndrangheta Exkursionen nach Kalabrien machen, um mit ihm Geschäftliches zu besprechen. Den Politikern, die das Catering für ihre Wahlparty von dem befreundeten aktenkundigen italienischen Gastronomen sponsern lassen und ihm dafür günstige Darlehen des Bundes verschaffen. Den Bürgermeistern, die angesichts der Investition von Mafiageldern in ihrer Innenstadt ihre Augen verschließen. Den Rechtsanwälten, Finanzberatern und Bankiers, die dabei behilflich sind, das schmutzige Geld in den legalen Geldkreislauf einzuschleusen.

Kurz: Deutschland ignoriert die Mafia bewusst, weil Deutschland von der Mafia profitiert.

Mafiapropaganda

In Palermo gibt es die Mafia in groß und in klein, als Flaschenöffner, Tonfigur oder Kühlschrankmagnet, als Don-Corleone-Kräuterlikör und Der-Pate-bin-ich-Küchenschürze. In den Gassen des Vucciria-Marktes wird sie als Gewürzmischung für Spaghettisoßen verkauft, und in den Souvenirläden des Corso Vittorio Emanuele wimmelt es von Cosa-Nostra-Keramiktellern und Aschenbechern mit schnauzbärtigen Mafiosi – schließlich gilt es, täglich tausende Kreuzfahrtouristen zu versorgen, die in Palermo nicht länger als einen Tag bleiben, da bleibt für Subtilitäten keine Zeit.

Wie oben erwähnt, war bis vor kurzem für Touristen in Palermo auch noch ein Treffen mit Angelo Provenzano im Angebot: Die *Overseas Adventure Travel* aus Boston bot ihren Kunden ein Treffen mit dem ältesten Sohn des Mafiabosses Bernardo Provenzano an.

Gegen dieses bizarre Verständnis von Sizilien-Marketing waren zu dem Zeitpunkt bereits Antimafia-Gegner Sturm gelaufen: Angehörige von Mafiaopfern und jene, die sich geweigert haben, Schutzgeld zu bezahlen und deshalb ein Leben unter falschem Namen mit Leibwächtern führen müssen. Unter ihnen war auch Danilo Sulis, Gründer der *Rete 100 passi*, der

Organisation, die im Gedenken an den von der Mafia ermordeten Rebellen Peppino Impastato entstand, über den die Leute in seinem Heimatdorf Cinisi noch heute sagen, dass er verrückt gewesen sei.

Als zu dem Mafiamarketing in Sizilien auch noch ein Auftritt des römischen Mafiaclans Casamonica auf RAI uno kam, dem in der Talkshow *Porta a Porta* die Gelegenheit geboten wurde, sich für seine pompöse Mafiabeerdigung im Stil des »Paten« zu rechtfertigen – und der Sohn des Mafiabosses Totò Riina in der gleichen Talkshow später auch sein autobiographisches Verklärungswerk *Family life* vorstellen durfte – startete Danilo Sulis die europaweite Petition »Ich bin kein Mafioso«, die sich zum Ziel gesetzt hat, zu verbieten, »Mafia« als Verkaufsmarke zu benutzen.

Etwa als »Caffè mafiozzo«, »fernet mafiosi«, »chilli mafia«, »mafia saus« oder »mafia store«. Die spanische Restaurantkette »Mafia« wirbt in ihren 37 Lokalen mit Sprüchen wie: »Die Mafia setzt sich an den Tisch« oder »Familienzusammenhalt wie in Corleone« und bietet interessierten Gästen den exklusiven Zugang zum »Club La Mafia Lounge«. Wer mag, kann bei der spanischen Mafia-Kette auch Séparées für geschlossene Gesellschaften mieten, ausgestattet mit »allem Nützlichen für eine authentische Mafia-Versammlung«. Wobei man sich natürlich fragt, warum in Spanien noch niemand auf die Idee gekommen ist, »ETA«-Restaurants zu gründen, als Werbespruch würde sich »Unsere Steaks sind unser Sprengstoff« anbieten.

In Danzig machte das Restaurant »Sizilien: Haus der Mafia« Furore, und in Wien bot das »Don Panino« Pizza, Pasta und belegte Brote an – mit den Namen von Mafiosi und Mafiaopfern. Etwa »Don Falcone«, ein mit gegrillter Wurst belegtes Brot, benannt nach dem Antimafia-Staatsanwalt Giovanni

Geschenkshop-Souvenirs in Palermo

Falcone. Nach internationalen Protesten wurde das Restaurant geschlossen.

Es löste einen Sturm der Entrüstung in Italien aus, als die Schwester von Giovanni Falcone im Jahr 2020 gegen die Besudelung des Namens ihres Bruders durch die Frankfurter Pizzeria »Falcone & Borsellino« klagte, die mit Mafiafolklore und Einschusslöchern warb. Maria Falcone verlor die Klage: Der Schutz des Andenkens an Giovanni Falcone sei 28 Jahre nach seinem Tod praktisch verwirkt und die Namen von Falcone und Borsellino seien in Deutschland nur »Strafverfolgern und Kriminologen« bekannt, nicht aber Personen, die Restaurants besuchten, begründeten die Frankfurter Richter ihr Urteil. Vor fast 30 Jahren habe das Thema »Kampf gegen die Mafia« im Fokus der Öffentlichkeit gestanden, dies sei heute nicht mehr der Fall.

Folglich kann auch der Erfolg der Mafiamusik in Deutschland nicht verwundern, darunter sogar ein Loblied auf die Ermordung von Palermos Polizeipräfekten Dalla Chiesa: »Getötet ist der General / Getötet ist der Präfekt von Palermo / Ihm blieb nicht mal Zeit für das letzte Gebet / So schnell wurde er ins Paradies gebracht / Die Mafia lässt dich in Ruhe, wenn sie es will / Aber wenn du hier herumstocherst / Dann beginnt sie zu agieren«.

Die Mafiamusik ist wesentlicher Bestandteil des Propagandafeldzugs der Mafia in Deutschland – an dessen Ende das harmlose Bild einer etwas schrägen Truppe steht, die singt, tanzt und sich hin und wieder umbringt: ein kleines, vom Aussterben bedrohtes Völkchen, so etwas wie die Chiapas. Eine antike Kultur, mehr oder weniger. Mit bizarren Riten, aber eben Kultur.

Das war jedenfalls die Botschaft, die von vielen deutschen

Journalisten verbreitet wurde, um die sogenannte »Musik der Mafia« bekannt zu machen, die als »authentische kalabrische Mafia-Kultur‹« gefeiert wurde.

Die kalabrische Schriftstellerin Francesca Viscone hat das Phänomen brillant in ihrem Sachbuch *Die Globalisierung der bösen Ideen* analysiert. Es gab kaum einen Radiosender, eine Zeitung, eine Zeitschrift in Deutschland, die nicht über die Mafiamusik berichtet hätte. Verantwortlich für den Erfolg der Lieder der ’Ndrangheta war ein kalabrischer, in Hamburg lebender Fotograf, der das deutsche Publikum von da an nahezu jedes Jahr mit einer weiteren Mafiafolklore beglückte: Die von ihm produzierte Mafiamusik wurde auch einem Foto- und Essayband beigelegt, dessen Autoren nichts von dieser Gesellschaft wussten: *Leben mit der Mafia* lautete der Titel des Buchs. Das »berührende Dokument einer Epoche« (Werbetext des Verlags) stützte sich nicht nur auf die Beiträge von Roberto Saviano und anderen Persönlichkeiten, die für ihr Antimafia-Engagement bekannt sind – sondern auch auf zwei CDs mit der Musik der ’Ndrangheta. Keiner der Autoren wusste, dass ihre Texte zusammen mit der Mafiamusik verlegt worden waren. Sie alle haben sich von der unerwünschten Gesellschaft distanziert.

Im Jahre 2011 veröffentlichte der Fotograf ein Buch, das die angeblichen Ideen eines angeblichen Bosses erklärt und den kuriosen Titel *Die Ehre des Schweigens. Ein Mafiaboss packt aus* trägt. Wie die Schriftstellerin Francesca Viscone bemerkte, wird darin die Autobiographie des Bosses mit den Regeln der Märchen konstruiert: Abwesenheit von Zeit, Raum und Identität der Handelnden, garniert mit einer Fülle von Riten und Mythen. Reine Mafiafolklore – weder die Erklärungen des Bosses noch seine Existenz kann nachgeprüft werden – umso mehr erstaunt, dass der Spiegel-Journalist Andreas Ulrich ein geeignetes Vorwort für das Werk schrieb, in dem er den italienischen Staat und die Antimafia-Bewegung angreift, die er als »Wanderzirkus« definiert: »Journalisten, Fotografen, Autoren und Aktivisten jeder Art, die auf der Welle der Mafia-Gegner zu Ruhm gelangen wollen.« Die Geschichte der Mafia solle allein von den Mafiosi erzählt werden, den einzig glaubwürdigen. Ehrenwort.

Vor wenigen Jahren gelang es dem kalabrischen Fotografen sogar, seine Mafiamusik in Berlin im Haus der Kulturen vorzustellen, das vom deutschen Außenministerium verwaltet und finanziert wird. Der Verein »Mafia? Nein Danke« schickte einen Protestbrief an die Leitung. Und wäre der Fotograf nicht irgendwann in das Museum der 'Ndrangheta in Reggio Calabria eingedrungen, wofür er wegen Beleidigung, Bedrohung und Verleumdung verurteilt wurde, würde er seine Mafiafolklore in Deutschland wahrscheinlich noch immer verkaufen.

Dass Mafiafolklore nichts als Mafiapropaganda ist, müsste in Deutschland, wo der Kampf gegen den Nationalsozialismus einst als lächerlicher Kampf von bemitleidenswerten Gutmenschen belächelt wurde, eigentlich ganz besonders einleuchten – in Berlin wäre man vermutlich auch nicht begeistert, wenn an durchreisende Touristen Tassen mit SS-Runen oder CDs mit dem Horst-Wessel-Lied verkauft würden.

Die Mutter aller Mafiaromane ist *Der Pate* – und zugleich auch die Mutter aller Mafiafilme. Denn wirklich greifen kann die Ikonografie erst als Film. In Corleones Bars hängen bis heute Fotos von den Dreharbeiten. Alle sizilianischen Mafiosi wollten aussehen wie Marlon Brando und Al Pacino: Nadelstreifenanzüge und mit Gel zurückgekämmte Haare. Jedes

Mal, wenn ein Mafioso festgenommen wurde, fanden sich in seinem Versteck Videokassetten und DVDs des *Paten* – so wie bei Giovanni Brusca, auch *il mostro* genannt, das Ungeheuer, das zugab »mehr als 150, weniger als 200 Menschen« umgebracht zu haben.

Es ist die Brutalität, die die Mafia für viele Schriftsteller und Regisseure so anziehend machte – die sie in ein popkulturelles Phänomen verwandelten. Das Blut der Opfer gerann zu einem Krimi, oder besser noch: zu einem Filmstoff. In Italien, wo ich lebe, läuft nahezu täglich ein Mafiafilm im Fernsehen. Allein zwischen 1988 und 2008 wurden 57 Fernsehfilme gesendet. Heiligenfabeln wie die Fernsehserie *Der Boss der Bosse*, dank derer der Boss Totò Riina zum Mythos wurde, im Fernsehen und im Netz, wo ihm zu Ehren unzählige Facebookgruppen gegründet wurden, die moderne Form des Fanclubs.

Eine ähnliche Wirkung, die der *Pate* für Sizilien und Cosa Nostra hatte, übte später der Roman *Romanzo Criminale* auf Rom und die sogenannte »Mafia Capitale« aus. 2002 erschien dieses Werk des römischen Schriftstellers Giancarlo De Cataldo, einem Richter am römischen Appellationsgerichtshof. *Romanzo Criminale* ist ein Mix aus True Crime und Fiktion und handelt von der *banda della magliana*, einer römischen Verbrecherbande mit Verbindungen zu Neofaschisten und zur neapolitanischen Camorra, die in den Siebziger- und Achtzigerjahren aufstieg. Anführer der *banda della magliana* war der vorbestrafte Rechtsterrorist Massimo Carminati, der in De Cataldos Roman als »Il Nero«, eine der Hauptfiguren auftaucht – neben anderen Protagonisten, die der »Libanese« oder il »Freddo« heißen und ebenfalls realen Vorbildern nachempfunden sind. Zum Mythos wurde *Romanzo criminale* jedoch erst durch die Verfilmungen, vor allem als Fernsehserie auf

Sky. Sie wird als »Qualitätsfernsehen« und »Exportschlager« gefeiert, nicht zuletzt, weil sie es mit amerikanischen Vorbildern aufnehmen könne. Auf die erste Staffel folgte die zweite – und die Verbrecherbande, die aus den römischen Vororten stammte und die Hauptstadt erobert hatte, wurde »Kult«: Als Schlüsselanhänger und Aschenbecher und als Statuen aus Styropor, die der damalige römische Bürgermeister Gianni Alemanno erst nach Protesten entfernen ließ. *Romanzo Criminale* wurde zum »Retro-Kult« verklärt, zum »Wie wir wurden, was wir sind«.

Im Jahr 2010 wurde in Kalabrien eine Bande von Minderjährigen verhaftet, denen Raubüberfälle mit schwerer Körperverletzung vorgeworfen wurden und deren Anführer sich »Il Freddo« nannte, bei der Festnahme fanden sich in den Wohnungen De Cataldos Bücher und DVDs der Staffeln von *Romanzo Criminale.*

Den gleichen Lauf nahm der 2013 veröffentlichte Roman *Suburra* – praktisch die Fortsetzung der Erzählung über die inzwischen verbürgerlichte *banda della magliana* – den De Cataldo zusammen mit dem römischen Journalisten Carlo Bonini geschrieben hat, und in dem er seinen *Romanzo criminale* in einer Szene sogar als Kultobjekt auftauchen lässt: als Roman im Roman, indem er einen Protagonisten sich an einer Stelle daran erinnern lässt, dass hier eine Szene von *Romanzo criminale* gedreht wurde.

Suburra wurde als prophetisch gefeiert, weil der Roman ein Jahr vor der Enthüllung des großen römischen Mafiaskandals erschien, in dessen Verlauf 100 Personen verhaftet wurden. Der Richter De Cataldo nahm dann eine etwas unrühmliche Rolle ein, als in den Ermittlungsunterlagen ein abgehörtes Telefonat auftauchte, das er mit einem Hauptprotagonisten des

Mafiaskandals geführt hatte – mit Salvatore Buzzi, einem ehemaligen Totschläger, der nach seiner Haft als Liebling der Linken in die römische Society aufgenommen wurde und sich als Herr über 40 linke Genossenschaften bester Kontakte zur Renzi-Partei PD erfreute. Dass De Cataldo eine gewisse Nähe zu den Personen pflegte, die ihm als Vorlagen für seine Romanfiguren dienten, mag für einen Schriftsteller kein Problem sein, für einen Richter wie De Cataldo aber ist es eine heikle Sache – die dann auch zu einer Zurechtweisung des Obersten Richterrats führte.

Auf den *Paten*, *Romanzo Criminale* und *Suburra* folgte *Gomorrha* – erst als Buch, dann als Fernsehserie, die nicht auf Aufklärung, sondern auf Effekte setzt. Und der *Clan der Kinder* von Roberto Saviano ist geradezu maßgeschneidert als Identifikationsvorbild für eine junge Zielgruppe: blutrünstige, kleine Bosse, die scheinbar weder Tod noch Teufel fürchten. Italienische Antimafia-Staatsanwälte wie Nicola Gratteri kritisieren diese Art von Mafiaverklärung seit langem – weil der in Romanen und Fernsehserien verbreitete mafiose Todeskitsch häufig besonders Jugendlichen als Rollenvorbild diene.

Vom Mafia-Zauber geblendet, merken viele Schriftsteller nicht mehr, dass sie der Mafia einen Gefallen tun, wenn sie diese als unbesiegbar darstellen. Der Autor Andrea Camilleri hat sogar seinem Freund, dem sizilianischen Schriftsteller Leonardo Sciascia vorgeworfen, die Mafia als zu sympathisch, zu faszinierend daherkommen zu lassen, als er Don Mariano in *Der Tag der Eule* darüber schwadronieren ließ, dass er die Menschheit in »Menschen, Halbmenschen, Menschlein, Arschkriecher und Blablablas« einteile. Zu Sciascias Ehrenrettung muss allerdings betont werden, dass er mit seinen Romanen nüchtern und realistisch wie kein zweiter das Verhältnis zwischen der Mafia und der Macht analysiert hat, etwa in *Jedem das Seine*, einem brillanten Gesellschaftsbild Italiens oder in *Todo modo oder Das Spiel um die Macht,* einer atemberaubenden Parabel über die Macht und den Zynismus der politischen Klasse Italiens – beide Romane wurden von Elio Petri kongenial verfilmt.

Wenn Antimafia-Staatsanwälte wie Nicola Gratteri kritisieren, dass Mafiosi in Romanen und Fernsehserien stets stereotyp als unbesiegbar dargestellt würden, während sie in der Wirklichkeit entweder früh sterben oder ihr Leben im Gefängnis verbringen, taucht auf der Gegenseite stets ein Schriftsteller und/oder Drehbuchautor einer erfolgreichen Mafiaserie auf, der sich auf die Kunstfreiheit beruft und eine vermeintliche Zensur beklagt. Allerdings: Wenn die Mafia in der Fiktion stets als unbesiegbarer blutrünstiger Boss daherkommt, zeigt das nur, dass der Autor ein klischeehaftes Bild von der Mafia hat. Denn der sogenannte »militärische Arm« der Mafia macht den geringsten Teil ihrer Macht aus. Mächtig ist sie nur dank ihrer Unterstützer, die sie für ihre Zwecke benutzen, gewissermaßen als Dienstleistungsgesellschaft. Ohne sie würde die Mafia schon lange nicht mehr existieren.

Auch deshalb finde ich die Abgründe, die sich hinter der Fassade der vermeintlich Anständigen verbergen, literarisch viel ergiebiger. Die Faszination des Bösen hat mich nie interessiert. Denn diese Form der Darstellung tut der Mafia nicht weh. Ganz im Gegenteil. Die Angst vor der Mafia ist ihr symbolisches Kapital. Es erhöht das Prestige, wenn sie wie ein nicht enden wollender Horrorfilm erzählt wird: Die Mafia stört es nicht, wenn über ihre brutalen Seiten berichtet wird, ganz im Gegenteil.

In meinen drei Romanen über die Mafia spielt deren Unsichtbarkeit eine wesentliche Rolle. In der Literatur würde man die Mafia als »Gestaltwandler« par excellence bezeichnen: Mal nimmt sie die Gestalt des Gönners an, des Mäzens, mal stellt sie sich als Ersatz-Staat dar, mal als schutzgeldgieriger Vampir, mal als Opfer von Diskriminierung, mal als gnadenloser Richter, als blutrünstiger Allmächtiger: Die Mafia ist so etwas wie Dr. Jekyll und Mr. Hyde. Oder wie Dracula, der sich in einen Vampir, einen Wolf oder eine Fledermaus verwandeln kann.

In der japanischen Mythologie gibt es einen Fuchs mit übernatürlichen Kräften, der jede Gestalt annehmen kann und sich am liebsten in junge hübsche Frauen verwandelt, die Männer dazu bringen, sie zu heiraten und verschwinden, sobald der Mann bemerkt, dass er einen Fuchs geheiratet hat. Die Mafia ist so ein Gestaltwandler: Sie passt sich ihrer Umgebung, den Zeiten und den sich ändernden Notwendigkeiten so perfekt an, bis sie unsichtbar wird. Die Mafia will immer Teil der Gesellschaft sein, in der sie lebt. Und das ist nur möglich, wenn sie mit ihr verschmilzt. Sobald eine Gesellschaft bemerkt, dass sie mit der Mafia zusammenlebt, nimmt diese eine neue Gestalt an. Bis es dazu kommt, kann es allerdings sehr lange dauern.

In Deutschland haben bislang nur wenige gemerkt, dass sie einen Fuchs geheiratet haben.

Zehn Mafiamythen

1. Die Mafia bringt keine Frauen und Kinder um.

Falsch. Mehr als 150 Frauen wurden von der Mafia ermordet – aus Rache, aus Angst, dass sie Verbrechen bezeugen könnten, oder einfach, weil sie den Weg kreuzten. Die apulische Gemeinderätin Renata Fonte bezahlte mit ihrem Leben dafür, dass sie Bauspekulanten einen Küstenstreifen im Salento entriss. Im Jahr 1984 wurde sie von zwei Killern mit Pistolenschüssen hingerichtet, als sie auf dem Weg nach Hause war. Selbst schwangere Frauen wurden nicht verschont: Die im fünften Monat schwangere Ida Castelluccio, Ehefrau des Polizisten Nino Agostino wurde zusammen mit ihrem Mann ermordet.

Auch die Liste der ermordeten Kinder ist lang, mindestens 108 Kinder fielen der Mafia zum Opfer. Legendär das Beispiel des kleinen Giuseppe Letizia, einem zwölfjährigen Schafhirten, der 1948 in Corleone zum Augenzeugen des Mordes an dem Gewerkschafter Placido Rizzotto geworden war – und in der Nacht wegen hohen Fiebers in das Krankenhaus von Corleone eingeliefert wurde, das von keinem Geringeren als dem

Boss Michele Navarra geleitet wurde. In der gleichen Nacht noch starb der Junge infolge einer Giftspritze. Und der 13-jährige Giuseppe Di Matteo, Sohn eines abtrünnigen Mafiosos, wurde von der Mafia entführt, um seinen Vater davon abzuhalten, weiter mit der Justiz zusammenzuarbeiten. Kurz vor seinem 15. Geburtstag wurde der in einem unterirdischen Verlies gefangen gehaltene Junge von den wachhabenden Mafiosi erwürgt und in Säure aufgelöst.

2. Mafiosi sind strenggläubige Katholiken.

Tja. Die Mafia baute sich aus den Versatzstücken des katholischen Glaubens den Gott nach ihrem Ebenbild. Den Gott des auserwählten Volkes. Der Gott, der Sodom und Gomorrha dem Erdboden gleichmachte. Einen blutrünstigen Gott. Von ihren Anfängen an stellte sich die Mafia an die Seite der katholischen Kirche – weil die katholische Kirche der Mafia das notwendige ideologische Fundament lieferte, das sie benötigte, um ihr Machtstreben metaphysisch zu begründen.

So konnte sich die Mafia bis zum Fall der Mauer als Bollwerk gegen den gottlosen Kommunismus verkaufen und den italienischen Christdemokraten die notwendige Rechtfertigung für ihre Zusammenarbeit mit der Mafia liefern.

Pragmatisch wie die Mafia ist, hätte sie nie gewagt, im katholischen Italien die Kirche in Frage zu stellen. Die Gebote der Kirche sind die Gebote der Mafia. Allerdings haben die Gebote für sie weniger ethische als praktische Bedeutung. Gott ist dazu da, Cosa Nostra zu nützen. Du sollst keine Götter neben mir haben: Der Boss ist unfehlbar, ein *padre eterno*, Gottes Stellvertreter auf Erden, Herr über Leben und Tod. Es gibt nur ein Gebot, das Cosa Nostra nicht respektiert. Du sollst nicht töten. Doch kann ein Arbeitsauftrag Sünde sein? Ist es Sünde, wenn ein Soldat einen Feind beseitigt? So vermag sich der Mafioso seine Religiosität zurechtzulügen.

Wer je eine Prozession in Süditalien erlebt hat, versteht, dass sich die Mafia nicht von der katholischen Kirche und ihren Riten fernhalten konnte: Eine Prozession ist ein Ritual. Keine Geste, kein Wort ist unbedacht. Am Prozessionszug wird die Machtverteilung einer Stadt abgelesen – wer die Heilige aus der Kirche tragen darf, wer vorn beim Pfarrer läuft, wer hinten. Wer das Geld für das Fest der Madonna del Carmine sammelte, wer das Recht hat, vor dem Baldachin zu marschieren. Der einflussreiche Mafiaboss und Christdemokrat Genco Russo etwa sammelte das Geld für das Fest der Madonna Santissima dei Miracoli ein – und hatte das Recht, vor dem Baldachin zu marschieren. Alle wissen um die Heiligkeit dieses Rituals für die Gemeinschaft.

Bei einer Prozession geht es vor allem um das soziale Zusammengehörigkeitsgefühl, weshalb es sich in Sizilien auch die größten Kirchenverächter nicht leisten können, zu fehlen. Im Leidensweg Christi sehe der Sizilianer nicht das Drama des Gottessohnes, nicht Offenbarung und Auferstehung, sondern das Drama eines Menschen, der von seinen Nächsten verraten und vom Gesetz ermordet wurde, stellte der Schriftsteller Leonardo Sciascia fest.

3. Mafiosi bringen sich nur untereinander um. Wenn du dich nicht darum kümmerst, rühren sie dich nicht an.

Falsch. Reine Heuchelei – und eine Empfehlung, die nicht nur im fernen Süditalien strapaziert wird, sondern auch im nahen Deutschland, wie eben als das Düsseldorfer Innenministerium nach dem Duisburger Mafiamassaker verkündete: »Die unmittelbare Drohung und die Ausübung von Gewalt richten sich nach polizeilichen Bewertungen vorwiegend gegen italienische Landsleute.« Dahinter verbirgt sich natürlich eine gewisse Doppelmoral: Als seien Mafiamorde so etwas wie eine bizarre Naturerscheinung, die mit uns nichts zu tun hat. Und von der man möglichst keine Notiz zu nehmen hat: nicht eingreifen, nichts hören, nichts sehen.

Für den Fall, dass Mafiosi sich nicht darauf beschränken, sich gegenseitig umzubringen, sondern Richter, Polizisten, Politiker oder Journalisten ermorden, wird gleich eine weitere Rechtfertigung geliefert – handelt es sich doch um Menschen, deren Ermordung gewissermaßen zu ihrem Berufsrisiko gehört. Als unmenschlich wird die Mafia erst wahrgenommen, wenn sie »Unschuldige« getötet hat: Unbeteiligte, die »nichts damit zu tun hatten«, die gerade den Weg kreuzten, als die Bombe explodierte oder einer Kugel im Weg standen. Aber alle anderen, tja.

4. Früher gab es die gute Mafia.

Das Märchen von Robin Hood hat nie gestimmt. Die Mafiapropaganda versucht die Mafia stets als etwas Edelmütiges darzustellen, als eine Art Aristokratie des Verbrechens: In

Kalabrien versuchen sich Mafiosi als Erben der Briganten zu verkaufen, wobei sie, wie die kalabrische Schriftstellerin Francesca Viscone deutlich machte, unterschlagen, dass die Briganten gesellschaftliche Rebellen waren, Mafiosi hingegen stets an der Seite der Macht stehen. Die Mafia ist nicht entstanden, um das Volk zu verteidigen, sondern um es zu bedrohen und die Ärmsten als bewaffneten Arm einzusetzen – und sich ihrer zu entledigen, sobald sie nicht mehr gebraucht werden.

Das Märchen von der alten, guten Mafia wird immer wieder gerne erzählt: Eine Mafia, die angeblich die traditionellen Werte respektierte, keine Frauen und Kinder ermordete und sogar Respekt vor Polizisten und Richtern gehabt habe. Natürlich entwickelt sich die Mafia weiter, auch bei ihr gibt es Generationenkonflikte, was aber an ihrer grundsätzlichen Natur nichts ändert: Es geht ihr stets um den Erhalt ihrer selbst, dafür ermorden selbst Mütter ihre Söhne und Frauen ihre Männer. Ehre interessiert die Mafia nicht. Nur ihr Bestehen.

5. Die Mafia ist eine reine Männergesellschaft.

Das war sie nie. Den Mafiafrauen gelang es nur, jahrzehntelang erfolgreich das Dramolett von den duldsamen Frauen aufzuführen, die sich ihren gewaltbereiten Männern unterwerfen müssen – ein Märchen, an das Richter und Staatsanwälte, Polizisten und Journalisten lange glaubten. Heute weiß man, dass die Frauen die andere Hälfte des Mafiauniversums sind, überzeugt, auf der richtigen Seite zu stehen. Sie überbringen Botschaften, transportieren Waffen für ihre untergetauchten oder verhafteten Männer, planen Verbrechen und bedienen sich der

Medien. Ohne die Unterstützung der Frauen hätte die Mafia keine Minute lang existieren können.

In die sizilianische Cosa Nostra können Frauen zwar formal nicht aufgenommen werden, aber das ist gar nicht notwendig. Sie erfüllen ihre Aufgabe auch so: Sie schweigen, vertuschen, lügen und sehen weg, wenn es notwendig ist. Sie wissen alles. In der kalabrischen 'Ndrangheta gibt es einen speziellen Ehrentitel für Frauen: »Schwester des Schweigens«. Als es etwa darum ging, die Killer von Duisburg zu schützen, waren die Frauen sofort aktiv und überbrachten Geld, Waffen und Botschaften zu ihren versteckten Männern. Und in der Camorra haben sie sich nie mit einer Rolle im Hintergrund begnügt – was angesichts des starken neapolitanischen Matriarchats nur natürlich ist.

Giusy Vitale, die erste Mafiaabtrünnige in der Geschichte der sizilianischen Cosa Nostra, hat nicht nur die Geschäfte des Clans in Abwesenheit ihrer Brüder vorangetrieben, Botschaften überbracht und an Treffen mit Bossen teilgenommen, sondern auch Politiker bestochen und Morde in Auftrag gegeben. Sie habe schon als Sechsjährige gewusst, was es bedeutet, zur Mafia zu gehören.

Und im Herbst 2017 wurde in Palermo Maria Angela Di Trapani festgenommen, genannt »La padrona«. Die Ehefrau eines inhaftierten Mafiakillers hatte sich, gleich nach Absitzen einer 14-jährigen Haftstrafe, angeschickt, die Hierarchie der Cosa-Nostra-Clans in Palermo wieder aufzubauen.

Als in San Luca, jenem kalabrischen Dorf, aus dem die Toten des Mafiamassakers von Duisburg stammten, ein »Anti-'Ndrangheta-Marsch« stattfand, nahmen die Frauen des Dorfes dies zum Anlass, auf Transparenten und Plakaten »wahre Gerechtigkeit« zu fordern – etwa für einen der Killer von Duisburg, der kurz darauf in Amsterdam verhaftet wurde. Um ihre Verbundenheit zu demonstrieren, trugen seine Mutter und andere Frauen aus der weitläufigen Verwandtschaft T-Shirts mit seinem Fahndungsfoto.

Die kalabrischen Mafiafrauen haben von den sizilianischen Mafiafrauen gelernt: Jedes Mal, wenn Verhaftungswellen die Clans vorübergehend schwächen, treten auch hier die Frauen an die Öffentlichkeit und beklagen ihr Schicksal. Etwa weil der Mann in Hochsicherheitshaft sitzt und seine Kinder nur ein Mal pro Monat in die Arme schließen darf. Oder weil die Polizei bei einer Hausdurchsuchung die Kinder weckt. Mafiafrauen wissen: Ein gezielter Stich ins Mutterherz funktioniert immer. Nicht nur in Italien.

6. Die Mafia ist ein Problem wirtschaftlicher Unterentwicklung.

Das Gegenteil stimmt: Der Grund der wirtschaftlichen Unterentwicklung Süditaliens ist die Mafia. Denn die Mafia ist nicht das Ergebnis der Unterentwicklung, das Produkt einer unvollständigen Modernisierung, sondern ihre Ursache. Es ist die Mafia, die Süditalien in einer künstlich erzwungenen Rückständigkeit hält. Würde die Wirtschaft in Sizilien, Kalabrien oder Kampanien florieren, könnten die Bosse die Bevölkerung nicht mehr in Abhängigkeit halten. Wie das geht, kann man an der Autobahn Salerno-Reggio Calabria sehen: Geplant wurde sie in den 1930er Jahren, die erste Baustelle wurde 1961 eröffnet, fertiggestellt wurde sie im Jahr 2016. Für jedes Teilstück war ein anderer Boss zuständig, ohne ihre Gnade bewegte sich kein Bagger, keine Straßenwalze, kein Laster. Die Bosse verlangten von den Baufirmen Schutzgeld – und bestimmten, welche Subunternehmer zugelassen werden: Ob jemand einen Auftrag bekommt oder nicht, soll nicht vom Wettbewerb, sondern von der Gnade der Bosse abhängen.

Nach außen hin scheint die Mafia archaischen Riten anzuhängen, nach innen aber hat sie den Schritt zum postmodernen, globalisierten Finanzkapitalismus längst vollzogen – so wie die Bosse von Corleone oder San Luca, die in der Öffentlichkeit nur in lehmverschmutzten, zerbeulten Fiat Pandas auftauchen, in ihren unterirdischen Bunkern hingegen mit Kokainbrokern in Kolumbien kommunizieren und ganze Banken in Manhattan kaufen.

7. Die Mafia als Gegenstaat. Mafia und Terrorismus versuchen den demokratischen Staat umzustürzen.

Falsch. Im Gegensatz zum Terrorismus hat die Mafia den Staat keineswegs bekämpft, im Gegenteil: Sie versucht ihn für sich zu nutzen. Deshalb ist der Begriff »Gegenstaat« falsch. In Italien hat die Mafia sehr erfolgreich bewiesen, wie sie Gesetze für sich selbst schafft, wie sie Politiker ins Parlament wählt, die für die Mafia arbeiten. Diese Strategie war ihr von Anfang an eigen.

Dass die Mafia selbst vom Staat nicht als Gegenstaat empfunden wird, kann man auch daran erkennen, dass sie keineswegs so bedingungslos bekämpft wird wie einst der Terrorismus: Sowohl Deutschland als auch Italien sind dafür bekannt, in der Terrorismusbekämpfung sehr schlagkräftig gewesen zu sein. Was man von der Bekämpfung der Mafia nicht behaupten kann.

Giancarlo Caselli, der Turiner Antimafia-Staatsanwalt, der nach der Ermordung von Giovanni Falcone die Antimafia-Staatsanwaltschaft von Palermo leitete und zuvor sehr erfolgreich die Terroristen bekämpft hatte, beschreibt in seinem Buch *Die zwei Kriege. Warum Italien den Terrorismus besiegt hat und nicht die Mafia*, wie er merkte, dass der italienische Staat akzeptierte, einen Krieg zu verlieren, den er hätte gewinnen können und warum dies der Fall war: Weil von manchen Politikern die Mafia keineswegs als Feind angesehen wird.

8. Die Mafia erpresst Schutzgeld von italienischen Restaurants in Deutschland.

Bis in die 1990er Jahre war das in Deutschland tatsächlich der Fall, als es darum ging, die in Deutschland lebenden Italiener unter Kontrolle zu bringen: Die Mafia erpresste Schutzgeld, um das Territorium zu sichern. Bei den italienischen Restaurantbesitzern in Deutschland geschah dies auch, um ihnen ein Schweigegebot aufzuzwingen.

Manche Deutsche werden sich noch an Pizzerien erinnern, die damals nach Brandstiftungen in Flammen aufgegangen sind, falls sich jemand weigerte zu zahlen. Und aus dieser Aufmerksamkeit schloss die Mafia, dass diese Art von Gewaltausübung in Deutschland kontraproduktiv ist, weil die Deutschen so anfingen, die mafiosen Umtriebe wahrzunehmen und ein gewisses Misstrauen zu hegen. Als einige in Deutschland lebende Italiener sich nicht einschüchtern ließen und die Drohungen anzeigten, ging die Mafia dazu über, kein Schutzgeld mehr zu verlangen, sondern die italienischen Gastronomen zu zwingen, ihnen für überhöhte Preise Lebensmittel,

Weine und Restauranteinrichtungen abzunehmen: Seitdem schossen die Import-Exportfirmen für italienische Feinkost wie Pilze aus dem Boden – dies umso mehr, als sich mit ihnen auch bestens Geldwäsche betreiben lässt.

9. Die Mafia ist ein Krake.

Diese unausrottbare Metapher ist der italienischen Fernsehserie *Allein gegen die Mafia* (Originaltitel: *La piovra*; dt.: *Der Krake*) zu verdanken, dank der wir zu wissen glauben, dass es sich bei der Mafia um einen übermächtigen, unbesiegbaren und allgegenwärtigen Gegner handelt, folgerichtig wir nichts anderes tun können, als Polizisten oder Staatsanwälten bei ihrem heldenhaften, aber nutzlosen Kampf zuzusehen.

Dank der Überzeugung, dass wir nichts gegen die Mafia als Inbegriff des Bösen schlechthin ausrichten können, weil sie stets siegt, sind wir von unserer Verantwortung befreit – und können weiter unser Kokain konsumieren, ohne uns fragen zu müssen, woher es kommt, wir können einem unschlagbar günstigen Subunternehmer unseren Bauauftrag geben, ohne uns fragen zu müssen, wie er das hinkriegt, die Arbeiten so billig auszuführen und auch zur Mafiamusik tanzen, weil die ja ganz witzig ist. Zu denken geben sollte uns allerdings, dass es vor allem die Mafiosi sind, die behaupten, dass die Mafia eigentlich überall und damit nirgendwo sei.

10. Die Bosse führen ein bescheidenes Leben.

Nach außen hin erweckt das den Anschein, wenn man Dörfer wie San Luca besucht: die Hochburg der kalabrischen 'Ndrangheta besteht aus unverputzten Häusern, das mythische Corleone aus schmalbrüstigen Häusern aus rohem Feldstein. Auf diese Weise wollen die Bosse signalisieren: Seht her, wir sind selbstlose, gerechte Herrscher, denen es nicht um Geld, sondern um höhere Werte geht. Dahinter verbirgt sich das Streben nach dem sozialen Konsens, ohne den die Mafia nicht bestehen kann: »Wir leben vom Volk«, sagte einmal ein Boss am Telefon zu einem Jüngeren. »Und das Volk darf dich nicht fürchten, es muss dich mögen. Der Respekt ist die eine Sache, die Untertänigkeit eine andere. Der Untertänige nutzt die Gelegenheit zum Dolchstoß, sobald Du ihm den Rücken zuwendest.«

In Sizilien, wo man es schätzt, wenn die Macht durch das alleinige Heben einer Augenbraue zum Ausdruck gebracht werden kann, wäre es kontraproduktiv, in einer Hollywoodvilla zu leben. Umgekehrt wäre es in Kampanien kontraproduktiv, auf einen flamboyanten Lebensstil zu verzichten: Hier wird ein Camorra-Boss erst dann ernstgenommen, wenn er in einem Ferrari Testarossa durch die engen Gassen des Spanischen Viertels pflügt. So pflegt jeder Boss den Lebensstil, der ihm den sozialen Konsens sichert.

Hinter verschlossenen Türen sieht es jedoch anders aus. Selbst Totò Riina hatte in seiner Villa goldene Wasserhähne. Und die schwarz gekleideten Frauen, die in San Luca durch die Gassen huschen, sind Stammkundinnen der Luxusboutiquen im nahegelegenen Reggio Calabria.

Als der sogenannte »König des Videopokers« von Reggio

Calabria verhaftet wurde, wurde ihm nicht nur ein Vermögen von 330 Millionen Euro konfisziert, sondern auch Gemälde, darunter Werke von Picasso und Renato Guttuso, von Dalí, Mario Schifano und De Pisis, außerdem wurden ihm 260 Immobilien beschlagnahmt – darunter die Hälfte der Gebäude am Corso Garibaldi, der Luxus-Einkaufsmeile von Reggio Calabria. Der Rest überall da, wo es teuer ist: in Paris in der Rue Saint-Honoré, in Mailand, Taormina und Rom, wo ihm eine nie bewohnte Villa auf dem Aventinhügel gehörte. Dazu Geschäftslokale, Grundstücke, Autos und Motorräder, Versicherungspolicen, Firmenvermögen. Und das nicht bei einem Superboss, sondern einem der mittleren Führungsebene, der den unternehmerischen Arm der ’Ndrangheta von Reggio Calabria darstellte.

Der Reichtum allein jedoch ist nicht das Ziel der Mafia: Aus Reichtum wird wirtschaftliche Macht, und aus wirtschaftlicher Macht wird politische Macht.

Die Mafia heute oder: The survival of the fittest

»Die Mafia wurde zu einem strukturellen Bestandteil des internationalen Finanzkapitalismus«, erklärte Roberto Scarpinato, Generalstaatsanwalt von Palermo, anlässlich einer Rede im Justizpalast von Palermo am 19. Juli 2016. Immer wieder unterstreicht er in seinen Vorträgen, dass die Mafia in den letzten 30 Jahren vor allem von drei Fakten geprägt wurde: Vom Fall der Mauer, der Globalisierung und dem gemeinsamen europäischen Markt. All das hat sich nicht nur auf die legale Gesellschaft ausgewirkt, sondern auch auf die illegale. So kam es zu einer Evolution der Mafia, zu einem *survival of the fittest*, einer Art natürlicher Auslese, die drei verschiedene Arten von Mafia hervorgebracht hat: die traditionelle Mafia, die marktwirtschaftliche Mafia und die Mafia-Elite.

Die traditionelle Mafia finanziert sich durch Schutzgeld, Erpressungen und die öffentlichen Gelder für die Bauwirtschaft und ist in Italien heute praktisch ebenso verarmt wie die italienische Mittelklasse: Seit der Unterzeichnung der Maastrichter Verträge sind die öffentlichen Gelder versiegt, es gibt es kaum noch große öffentliche Bauprojekte in Italien. Die Bauwirtschaft, eine der größten Einkommensquellen der Mafia, durchlebt eine große Krise. Dadurch fehlen der traditionellen Mafia auch die Möglichkeiten zum Stimmenkauf (nach dem Prinzip: »Ich garantiere dir Stimmen, du gibst mir dafür Aufträge«). Die italienische Wirtschaftskrise wirkt sich auch auf die Erpressungen aus. Wenn es früher ca. 1000 Betriebe gab, denen Schutzgeld abgepresst wurde, sind es heute nur noch knapp 400. Und die Unternehmer, die eine solche Erpressung anzeigen, tun dies nicht, weil die Legalität siegt, sondern weil sie nicht mehr zahlen können.

In Ermangelung dieser Einkommensquellen gibt es nicht mehr genug Geld für die Familien der inhaftierten Mafiosi, für das Mafiavolk – das für die niederen Arbeiten zuständig ist: für Erpressung, Gewalt und allem, was mit höherem Risiko verbunden ist.

Für die neoliberal geprägte, marktwirtschaftliche Mafia sieht die Situation entschieden besser aus. Sie ist zum internationalen Anbieter aufgestiegen – von illegalen Gütern (Drogen, Schmuggelzigaretten, gefälschten Waren, Waffen, billigen Arbeitskräften, Prostituierten) und Dienstleistungen (Investitionskapital, falschen Rechnungen, mit denen Steuern »gespart« werden können, illegaler Giftmüllbeseitigung), für die seit der Globalisierung der Wirtschaft eine unendlich große Nachfrage besteht – von Millionen anständigen Bürgern, den Endverbrauchern.

Diese marktwirtschaftliche Mafia ist nicht gewalttätig, sondern macht lediglich Angebote – auf die gerne zurückgegriffen wird, wie unter anderem der große Mafia-Prozess »Aemilia« 2016 in Bologna bewies, in dessen Verlauf Besitztümer und Unternehmen im Wert von ca. 330 Millionen Euro beschlagnahmt wurden. Im Zentrum der Anklage stand der aus dem kalabrischen Crotone stammende Clan Grande Aracri, angeklagt waren aber nicht nur Mafiosi, sondern auch ihre Handlanger: Stadträte, Journalisten, Polizisten, Unternehmer.

In der reichen Emilia-Romagna hat die aus Kalabrien stammende 'Ndrangheta Wirtschaft, Politik und Institutionen durchsetzt – und nicht nur sie: Neben 17 'Ndrangheta-Clans, sind 4 Clans der sizilianischen Cosa Nostra und 3 Camorra-Clans in der Provinz Reggio Emilia aktenkundig.

Wie aus den Ermittlungsunterlagen hervorgeht, wurden die Geldgeschäfte fast immer über Deutschland abgewickelt. So schreiben die italienischen Antimafia-Staatsanwälte in ihrem Haftbefehl: »Weil die neuen Geldwäschegesetze es den Mafiosi sehr schwer machten, sind Geldtransfers ins Ausland die einzige Möglichkeit, an Bargeld zu kommen. ([Am Telefon sagte ein Boss:] ›Wir müssen sehen, dass wir da was machen [...] also ich sage dir, also der aus Deutschland, der eröffnet dir ein Konto, du schickst ihm Geld aufs Konto, und wir fahren nach Deutschland, heben das Geld ab und die Sache ist erledigt.‹)« (11, S. 896)

Wie eine Dienstleistung der marktwirtschaftlich orientierten Mafia funktioniert, erläuterte Roberto Scarpinato am Beispiel der illegalen Müllentsorgung: Die Mafia bietet norditalienischen Unternehmen Dumpingpreise zur Giftmüllentsorgung an, sie kauft Landbesitzern für überhöhte Preise Land ab, vergräbt dort den Giftmüll, bebaut nun das verseuchte Terrain mit Neubauwohnungen, die billig verkauft werden – und am Ende sind alle zufrieden: die Käufer, die billig Wohnungen gekauft haben, die Landbesitzer, die ihre Grundstücke für überhöhte Preise verkaufen konnten, die norditalienischen Unternehmen, die ihren Giftmüll billig entsorgen konnten. (12) Folgerichtig wird diese Mafia auch nicht verabscheut, sondern als Bestandteil des Marktes geschätzt. Die soziale Akzeptanz für die marktwirtschaftlich agierende Mafia wird immer größer, es wird ja keine Gewalt ausgeübt.

Die Europäische Gemeinschaft scheint das genauso zu sehen: Die marktwirtschaftlich orientierte Mafia sei 2014 legitimiert worden, als die Europäische Gemeinschaft verfügte, auch den Umsatz aus Drogenhandel und Prostitution zum Bruttoinlandsprodukt zu rechnen, eine Schizophrenie ohnegleichen: Einerseits soll die Kultur der Legalität gepflegt werden, andererseits legitimiert die Europäische Union die mafiose Wirtschaft – dank der, und das war wohl die Absicht, Italien überhaupt den Stabilitätspakt einhalten konnte.

Die dritte Art der Mafia ist die Mafia-Elite, meist eng verbunden mit italienischen Freimaurer-Logen. Die kalabrische 'Ndrangheta hat für sie sogar eine übergeordnete Instanz geschaffen: die »Santa« – Geheimlogen, in denen die Eliten der 'Ndrangheta gleichberechtigt zusammen mit Politikern, Unternehmern und Geheimdienstlern arbeiten und Unterschiede zwischen 'Ndranghetisti und Freimaurern gar nicht mehr auszumachen sind.

Weil der Zugang zu öffentlichen Geldern, die Vergabe öffentlicher Aufträge nicht mehr von den lokalen Politikern abhängt, mit denen die traditionelle Mafia stets zusammengearbeitet hat, ist dieser Zugang jetzt der Mafia-Elite vorbehalten. Sie geht in den Schaltzentralen der Macht in Italien und Europa ein und aus, in denen über wesentliche Fragen – etwa der Privatisierung der Energie- und Wasserversorgung – entschieden wird.

In der sizilianischen Cosa Nostra verkörpert der untergetauchte Mafiaboss Matteo Messina Denaro den Typus dieser Mafia-Elite: Er stammt aus Trapani in Westsizilien, wo sich nicht zufällig die höchste Konzentration an Freimaurerlogen befindet. Messina Denaro versteht sich auf Risikodiversifizierung seiner Investitionen: Er stieg schon früh in das Geschäft der staatlich subventionierten Windenergie ein, verdiente am Tourismus und an Supermarktketten: Der Besitzer des größten italienischen Tourismusunternehmens Valtur soll genau wie der Besitzer einer riesigen Supermarktkette sein Strohmann gewesen sein.

Heute soll Messina Denaro sogar eine Bank in Manhattan besitzen (13) – ein Reichtum, der beim Mafiavolk Unmut auslöste: Er denke nur an sich, während das verarmte Fußvolk am Hungertuch nage, klagten die Bosse am Telefon.

Süditalien verarmt immer mehr, ihre Geschäfte macht die Mafia in Zentral- und Norditalien: Die 'Ndrangheta sitzt in den Stadt- und Gemeinderäten in der Lombardei, im Piemont, Lazio und in der Emilia Romagna bereits seit 1995.

Die Mafia verdient an allem. An jedem Erdbeben, an getürkten Spielautomaten, an Online-Wetten, am Fußball, am Gemüsegroßhandel, an der Expo in Mailand und sogar an der Flüchtlingswelle: Einer der Bosse der römischen Hauptstadtmafia rühmte sich damit, dank der öffentlichen Gelder für die Versorgung von Flüchtlingen mehr zu verdienen als mit dem Drogenhandel.

Mit der ihr eigenen Weitsicht hat die Mafia das Geschäft mit den Migrantenströmen schon lange vorausgesehen. Wie ein abtrünniger Mafioso zu Protokoll gab, hat die Cosa Nostra auf das Geschäft mit den Flüchtlingen bereits gesetzt, als es noch gar keinen »Flüchtlingsnotstand« gab und in der Provinz Agrigent bereits sämtliche leerstehende Lager und Fabrikhallen aufgekauft und sie mit staatlichen Geldern zu Aufnahmelagern umgerüstet. Nicht umsonst ist das Umleiten öffentlicher Gelder in ihre eigenen Taschen eine Königsdisziplin der

Mafia: Sie war die erste, die wusste, dass sich nach dem Gesundheitswesen, der Müllbeseitigung und der Windenergie mit der Flüchtlingskrise für sie ein neues Geschäftsfeld eröffnen würde. Das Zauberwort heißt *emergenza*: Notstand. Wie nach Erdbeben oder anderen Naturkatastrophen spekulieren die Bosse darauf, dass es Geld regnet, sobald der Ausnahmezustand ausgerufen wird, niemand mehr durchblickt, wohin das Geld fließt – und die Bosse die Flüchtlinge als Rohstoff betrachten können: für die Betreiber von Flüchtlingsheimen, Fälscherwerkstätten und landwirtschaftlichen Kooperativen, die Migranten als Schwarzarbeiter in Orangenhainen, Weinbergen und Tomatenfeldern einsetzen. Und als Einzelhändler für den Drogenverkauf auch. Seit die nigerianische Mafia mit Zustimmung der Cosa Nostra das Drogengeschäft im Herzen von Palermos Altstadt kontrolliert, hat sie Migranten als Drogenhändler rekrutiert.

Die Mafia verdient auch an der Pandemie – nicht nur dadurch, dass sie der Bevölkerung gegenüber als Wohltäter auftritt und in Süditalien Pasta verteilt, sondern auch, weil die Covid-19-Krise der neoliberal geprägten, marktwirtschaftlich handelnden Mafia in die Hände spielt: Sie ist der einzige Akteur in dieser weltweiten Krise, der kein Liquiditätsproblem hat. Aus Sicht der Mafia ist die Pandemie ein Glücksfall, zumal das Gesundheitswesen traditionell eines ihrer bewährten Geschäftsfelder ist.

»Wenn wir die Mafia nur dann sehen, wenn sie gewalttätig ist und erpresst, werden wir bald davon überzeugt sein, dass die Mafia nicht mehr existiert, weil sie als Bestandteil der Marktwirtschaft betrachtet wird«, sagt Generalstaatsanwalt Scarpinato. Als strukturelles Element des Finanzkapitalismus ist sie Bestandteil der realen Macht geworden – was sich auch daran ablesen lässt, dass bei jeder Verhaftung eines Bosses der Applaus groß ist, die Zustimmung jedoch umgehend schwindet, wenn es darum geht, die »Grauzone« zu bekämpfen, die der Mafia ihren lebenswichtigen Sauerstoff liefert: Solange kompromissbereite Unternehmer, Beamte, Politiker, Rechtsanwälte und Notare lediglich als einfache Unterstützer gälten und nicht als wesentlicher Bestandteil des mafiosen Systems, garantiere der italienische Staat der Mafia ihre Existenz, sagt der Antimafia-Staatsanwalt Nicola Gratteri, der die Ermittlungen rund um das Mafia-Massaker von Duisburg führte. Und der Antimafia-Staatsanwalt Franco Roberti stellt anlässlich der Gedenkfeier für seinen ermordeten Kollegen Paolo Borsellino fest, dass die Bekämpfung der Korruption und der Wirtschaftskriminalität von keiner italienischen Regierung als Ziel betrachtet worden sei.

Wenn es einen politischen Willen gäbe, die Mafia zu bekämpfen, könnte sie schon längst besiegt sein, sagt Staatsanwalt Gratteri, aber diesen Willen gibt es nicht – was sich an der italienischen Gesetzgebung ablesen lässt: Das Delikt des Amtsmissbrauchs wurde bereits 1997 abgeschafft und selbst bei nachgewiesenem Stimmenkauf riskieren Politiker weniger Strafe als Mafiosi. Gefängnishaft droht nur bei Strafen über vier Jahren, alles andere wird mit Hausarrest und Sozialdiensten abgegolten.

Korruption zahlt sich aus, auch weil unzählige Verbrechen bereits verjährt sind, bevor es zu einem endgültigen Urteil kommt. Die Verjährung von Korruptionsdelikten liegt bei 7,5 Jahren. Wenn ein Staatsanwalt ein Verbrechen aufdeckt, das vor drei Jahren begangen wurde, ermittelt er mit drei Jahren Verspätung – in Italien setzt die Verjährungsfrist nicht aus, wenn ermittelt wird.

Wer sich an dieser Stelle damit zu trösten versucht, dass sich dabei um ein italienisches Problem handele, sei daran erinnert, dass sich die Mafia in den letzten 25 Jahren im Ausland ungehindert ausbreiten konnte, während die internationale Zusammenarbeit zu ihrer Bekämpfung auf der Strecke geblieben ist. Dies bestätigt auch der nationale Antimafia-Staatsanwalt Franco Roberti am 19. Juli 2016 in Palermo. Die Mafia ist schon lange ein europäisches Problem. Bis heute gibt es nicht mal den Versuch einer einheitlichen europäischen Antimafia-Gesetzgebung.

»Heutzutage gibt es in Europa kein Land mehr, das immun gegen die Mafia ist«, sagt der sizilianische Antimafia-Staatsanwalt Nino Di Matteo. »Im Gegenteil, die Mafia investiert ihr Geld da, wo die Wirtschaft floriert. Und sie ist sehr, sehr aufmerksam gegenüber den Signalen, die von Politikern und Staatsdienern ausgehen. Duisburg war ein Alarmsignal für etwas, was möglicherweise viel weiter reicht und die Wirtschaft unterwandert. Um Geschäfte zu machen, braucht die Mafia die Stille. Deshalb wäre es gut, wenn ein deutscher Politiker das Wort ergreifen würde, einfach nur um klarzumachen, dass er alles gegen die Ausbreitung der Mafia tun würde. Das wäre ein Signal für die Mafia, dass dieses Land nicht hinnehmen wird, unterwandert zu werden, selbst nicht in der Wirtschaft.«

Lektüretipps

Sachbücher

Attilio Bolzoni: Die Mafia – 100 Fragen, 100 Antworten. Stuttgart 2012. * Egbert Bülles: Deutschland – Verbrecherland? Mein Einsatz gegen die organisierte Kriminalität. Berlin 2013. * Andrea Camilleri: M wie Mafia. Reinbek bei Hamburg 2009. * Gian Carlo Caselli: Le Due Guerre. Perché l'Italia ha sconfitto il terrorismo e non la mafia. Mailand 2009. * John Dickie: Cosa Nostra, die Geschichte der Mafia. Frankfurt a. M. 2007. * Francesco Forgione: Mafia Export. Wie 'Ndrangheta, Cosa Nostra und Camorra die Welt erobern. München 2011. * Leopoldo Franchetti: La Sicilia nel 1876. Le condizioni politiche e amministrative. Mailand 2013. * Nicola Gratteri / Antonio Nicaso: Padrini e padroni. Mailand 2016. * – Fiumi d'oro. Come la 'ndrangheta investe i soldi della cocaine nell'economia legale. Mailand 2017. * – L'Inganno della mafia. Quando i criminali diventano eroi. Rom 2017. * Piero Messina: Onorate società. Mafia e massoneria, dallo sbarco alleato allo crimine globale, cento anni di trame oscure. Mailand 2014. * Bruno Palermo: Al posto sbagliato. Storie di bimbi vittime di mafia. Soveria Manelli 2016. * Petra Reski: Rita Atria. Eine Frau gegen die Mafia, Hamburg 1994. * – Mafia. Von Paten, Pizzerien und falschen Priestern. München 2008. * – Von Kamen nach Corleone. Die Mafia in Deutschland. Hamburg 2010. * Jürgen Roth: Mafialand Deutschland. Frankfurt a. M. 2009. * Roberto Saviano: Gomorrha. Reise in das Reich der Camorra. München 2007. * Roberto Scarpinato / Saverio Lodato: Il ritorno del principe. La criminalità dei potenti in Italia. Mailand 2008. * Leonardo Sciascia: Appunti su mafia e letteratura. In: Nuovi Quaderni del Meridione 5 (1964) S. 118–126. * Alexander Stille: Die Richter. Der Tod, die Mafia und die italienische Republik. München 1997.

Romane

Petra Reski: Palermo Connection. Serena Vitale ermittelt. Hamburg 2014. * – Die Gesichter der Toten. Serena Vitales zweiter Fall. Hamburg 2015. * – Bei aller Liebe. Serena Vitales dritter Fall. Hamburg 2017. * Leonardo Sciascia: Todo modo oder Das Spiel um die Macht. München 1992. * – Jedem das Seine. Berlin 2008. * – Tag der Eule: Ein sizilianischer Kriminalroman. Berlin 2009.

Links mit konkreten Bezug zum Text

(1) http://www.centroimpastato.com/stereotipi-e-paradigmi/ * (2) https://www.corriere.it/cronache/09_dicembre_04/spatuzza_deposizione_bunker_mafia_da1907d4-e09c-11de-b6f9-00144f02aabc.shtml * (3) http://www.repubblica.it/cronaca/2017/06/10/news/i_messaggi_obliqui_del_padrino_ossessionato_dal_cavaliere-167712183/ * (4) https://www.youtube.com/watch?v=tWPBvngVPwk * (5) http://dip21.bundestag.de/dip21/btd/18/112/1811275.pdf * (6) http://www.w-t-w.org/de/wp-content/uploads/2016/02/Geldwaesche-Deutschland-Studie.pdf * (7) http://www.spiegel.de/panorama/justiz/tausende-geldwaesche-meldungen-stauen-sich-beim-zoll-a-1182789.html * (8) http://www.financialsecrecyindex.com/PDF/Germany.pdf * (9) https://www.boersenblatt.net/artikel-verlage.314474.html * (10) https://www.boersenblatt.net/artikel-rechtsprechung.403975.html * (11) Tribunale Ordinario di Bologna: Ordinanza di applicazione di misure cautelari: https://svegliatiaemilia.files.wordpress.com/2015/10/ordinanza-operazione-_aemilia.pdf * (12) https://www.youtube.com/watch?v=scbB4AWqKes * (13) http://www.radio24.ilsole24ore.com/notizie/banca-matteo-messina-denaro-182358-gSLAHXSy6B

Weiterführende Links

Sizilianisches Dokumentationszentrum »Giuseppe Impastato«: http://www.centroimpastato.com/deutsch/ * »Mafia? Nein danke!«: Deutscher Antimafia-Verein, gegründet nach dem Duisburger Mafiamassaker: http://mafianeindanke.de/home/ * »Libera«: italienische Antimafi-Bewegung der katholischen Kirche: http://www.libera.it * »Addio Pizzo«: Sizilianische Antimafia-Bewegung, die gegen Schutzgelderpressung kämpft: http://www.addiopizzo.org/index.php/who-we-are/ * »Antimafia duemila«: Online-Informationsdienst über italienische Mafiaorganisationen: http://www.antimafiaduemila.com * »Ossigeno«: Organisation des italienischen Journalistenverbandes zum Schutz von Journalisten, die von der Mafia bedroht werden: http://www.ossigeno.info

COLLECTION
FOLIO ESSAIS